教育部高校示范马克思主义学院和优秀教学科研团队建设重点项目资助

"体育类学生思想政治理论课有效性提升机制研究"（18JDSZK002）研究成果

北京市委教育工作委员会"思政课教学改革创新重大项目"资助

"新时代体育院校特色思政课教学体系创新研究"（JGWXJCJG201702）研究成果

感受经典魅力
品读信仰味道

——北体马院"拥抱经典"每日打卡读书活动成果集

李红霞　　武体江◎主编

九州出版社
JIUZHOUPRESS

图书在版编目（CIP）数据

感受经典魅力　品读信仰味道：北体马院"拥抱经典"每日打卡读书活动成果集／李红霞，武体江主编. --北京：九州出版社，2022. 12
ISBN 978 - 7 - 5225 - 1592 - 2

Ⅰ. ①感… Ⅱ. ①李… ②武… Ⅲ. ①高等学校-思想政治教育-研究-中国 Ⅳ. ①G641

中国版本图书馆 CIP 数据核字（2022）第 231155 号

感受经典魅力　品读信仰味道：北体马院"拥抱经典"每日打卡读书活动成果集

作　　者	李红霞　武体江　主　编
责任编辑	蒋运华
出版发行	九州出版社
地　　址	北京市西城区阜外大街甲 35 号（100037）
发行电话	（010）68992190/3/5/6
网　　址	www. jiuzhoupress. com
印　　刷	唐山才智印刷有限公司
开　　本	710 毫米×1000 毫米　16 开
印　　张	17
字　　数	228 千字
版　　次	2023 年 6 月第 1 版
印　　次	2023 年 6 月第 1 次印刷
书　　号	ISBN 978 - 7 - 5225 - 1592 - 2
定　　价	95. 00 元

马克思主义理论学科与思想政治理论课建设文库·
大思政课经典育人

编委会

序

让阅读经典成为我们的生活方式

2018 年秋季开始，马克思主义学院开始正式招收四年制马克思主义理论专业本科生，我校成为全国首批开办马克思主义理论本科专业的八大院校之一。在学生培养方案中，我们把阅读经典作为创新实践活动内容，要求连续 6 个学期坚持打卡读原著，并提交 6 篇论文，修到 2 个学分方可毕业。在马克思主义理论专业硕士研究生和马克思主义体育理论专业博士研究生的培养方案中，也对阅读经典文献提出了相应的实践学分要求。全院师生分成了 6 个经典读书小组，由教师带领学生开始了"拥抱经典"线上每日打卡读经典活动，阅读范围从经典作家作品到马克思主义中国化重要成果和文献，再到优秀传统文化典籍。2020 年秋季又从线上延伸到线下，增加了每周线下读书会活动，重点阅读《马克思恩格斯选集》。学院师生把阅读经典作为一种生活方式，常抓不懈，这是为了贯彻落实习近平总书记在纪念马克思诞辰 200 周年大会上重要讲话中关于读经典、学原文、悟原理的要求，是打造书香马院、营造学术氛围以及确保马克思主义理论人才培养质量的需要，也希望能够带动和引领所有青年大学生养成阅读经典的习惯。新时代的强国建设不仅需要一大批在马学马、在马研马、在马信马的马克思主义理论专业人才，还需要具有一定的马克思主义理论素养的为人民服务、为中国共产党治国理政服务、为巩固和发展中国特色社会主义制度服务、为改革开放和社会主义现代化建设服务的人才。只有阅读经典，才能积累深厚的马克思主义理论学养，夯实马克思主义理论功底，才能为发展21世纪中国马克思主义、实现中华民族伟大复兴作出应有的理论贡献。只有阅读经典，才能真正掌握认识世界、改造世界的锐利思想武器，用习近平新时代中国特色社会主义思想武装头脑，在实现第二个百年奋斗目标的新征程中不迷失方向，积极应对世界百年未有之大变局中遇到的艰难险阻。

继"冠军精神育人""红色实践育人"后，"经典育人"已成为学院马克思主义理论人才培养和思想政治理论课建设的又一特色和亮点。每年秋季新生开学季学院都会召开阅读经典总结表彰大会，向打卡天数、页数排行榜前列的学生和论文获奖的学生颁发证书，向新生赠送纸质版的《马克思恩格斯选集》和电子版的经典文献优盘。本书收录了2018—2020年以来4个学期的获奖论文。两年来学生共阅读经典文献3万多页，每年人均打卡225天、431页，优秀论文从9篇增加到20篇，获奖范围从院级上升到市级，学生的理论素养得到很大提升，学术写作能力有了很大提高。无论从实习反馈还是就业情况来看，学生们都受到了用人单位的喜爱和欢迎，各大院系主动预约辅导员助管。2021届毕业生1人考上博士研究生，4人考入市级公务员，3人从事高校辅导员工作，3人考入央企、国企党建岗，1人自谋职业。

阅读经典活动对全校各院系大学生产生了积极的影响。"小打卡"读书软件在各门思想政治理论课教学中得到运用和推广。思政课教师结合马克思诞辰200周年和党史学习教育等主题在各自的课堂教学中安排了"打卡读经典"的平时考察环节。以本人承担的"马克思主义基本原理"课教学为例，连续多年尝试"拥抱经典，走进马克思"经典化教学，组织各院系学生录制《共产党宣言》有声读物，2020年秋季学期带领新闻心理班总计打卡阅读《中国共产党历史》11732天，51968页，70%以上学生打卡天数超过100天。结合不同专业背景学习马克思恩格斯论教育、论艺术、论新闻等等方面内容，学生们学到的不再是干巴巴的原理，而是体验到了真理的魅力，受到了思想启迪。学院将把"拥抱经典"读书活动坚持下去，在思想政治理论课教学中继续推广下去，不断完善思政课经典化教学形式，切实将它变成广大师生的生活方式。出于选题报备出版要求的考虑，有 10 多篇在北京市和学院获奖的论文暂时未能收录，稍有遗憾，但成果集仍能反映此教学成果的大致情况。

李红霞

2021 年 8 月

目 录
CONTENTS

上篇　教学改革思路与成效

2017 年秋季学期，马克思主义学院从全校各院系三年级学生中选拔了 30 名优秀学生，组成了首届马克思主义理论实验班，该班学生已于 2019 年顺利毕业，从就业流向看培养效果良好，毕业生主要流向政府机关、教育机构和企业。考研录取率 43%，省公务员录取率 13%。用人单位对毕业生综合素质总体评价高，普遍认为毕业生政治立场坚定，党性修养强，理论功底扎实，道德修养好，工作态度积极认真，吃苦耐劳肯奉献，有不断追求卓越的创新能力和提升自我的进取精神，在新人中起到了示范作用，得到单位的信任和重用。2018 年开始正式招收马克思主义理论专业四年制本科生，首届学生在很多名校的全国优秀大学生夏令营中被评为优秀营员，获得了考研推免条件。之所以取得这么好的人才培养效果，与学生培养方案中注重马克思主义理论素养的提升不无关系。系统的原典学习夯实了学生的理论功底，提升了政治素养、道德修养和理论联系实际能力，同时培养了快速接受业务领域新知识和终身学习能力，为终身发展和职业提升提供了持久动力和潜力。学院将阅读经典活动推广到思想政治理论课教学中，也使学生们感受到了真理的魅力，对于提高大学生对马克思主义理论的认同度起了重要作用。

一、改革思路与目标

（一）让阅读经典成为马院人的生活方式

马克思主义学院坚持"政治立院、学术强院"的办院理念，在人才培养目标上强调培养具有深厚的马克思主义功底、坚定的马克思主义信仰的专业人才，重视马克思主义经典文献的导学和研读，深修马克思主义理论学养。为此将本科生的"马克思主义经典著作导读"（64 学时）、硕士生的"马克思主义经典著作研读"（32 学时）和博士生的"马克思恩格斯列宁经典著作选读"（32 学时）设为学科基础课。在此基础上把阅读经典延伸到课外，几乎覆盖全学期教学。

马克思主义理论专业本科、硕士、博士期间原著选读专业基础课必修文献

	马克思主义经典著作导读（本科生课程）	
	序号	所读文本
大一 秋季学期	1	马克思《青年在选择职业时的考虑》
	2	马克思《论犹太人问题》
	3	马克思《黑格尔法哲学批判导言》
	4	马克思《关于费尔巴哈的提纲》
	5	恩格斯《英国状况——评托马斯·卡莱尔的〈过去和现在〉》
	6	恩格斯《国民经济学批判大纲》
	7	马克思《资本论》（节选）
	8	马克思和恩格斯《共产党宣言》
	9	恩格斯《社会主义从空想到科学的发展》
	10	列宁《论工人政党对宗教的态度》
大一 春季学期	1	毛泽东《实践论》
	2	毛泽东《矛盾论》
	3	毛泽东《新民主主义论》（节选）
	4	毛泽东《为人民服务》
	5	毛泽东《关于正确处理人民内部矛盾的问题》（节选）
	6	邓小平《解放思想，实事求是，团结一致向前看》
	7	邓小平《建设有中国特色的社会主义》
	8	邓小平《关于政治体制改革问题》
	9	邓小平《在武昌、深圳、珠海、上海等地的谈话要点》
	10	江泽民《始终做到"三个代表"是我们党的立党之本、执政之基、力量之源》
	11	胡锦涛《树立和落实科学发展观》
	12	习近平《在纪念马克思诞辰 200 周年大会上的讲话》
	13	习近平《在庆祝改革开放 40 周年大会上的讲话》

续表

马克思主义经典著作研读（硕士生课程）		
	序号	所读文本
硕一秋季学期	1	马克思《路德维希·费尔巴哈和德国古典哲学的终结》
	2	恩格斯《家庭、私有制和国家起源》
	3	列宁《社会主义和宗教》
	4	列宁《国家与革命》
	5	马克思《资本论》第一卷第24章
	6	马克思《资本论》第三卷第27章
	7	列宁《帝国主义是资本主义的最高阶段》
	8	列宁《论粮食税》
	9	马克思《哥达纲领批判》
	10	马克思《给维·伊·查苏利奇的复信》
	11	列宁《共产主义运动中的左派幼稚病》
马克思恩格斯列宁经典著作选读（博士生课程）		
	序号	所读文本
博一秋季学期	1	马克思《德谟克利特的自然哲学和伊壁鸠鲁的自然哲学的差别》
	2	马克思《1844年经济学哲学手稿》
	3	马克思、恩格斯《神圣家族》
	4	马克思、恩格斯《德意志意识形态》
	5	马克思《哲学的贫困》
	6	马克思《政治经济学批判导言》和《资本论》第一卷节选
	7	马克思《资本论》第一卷节选
	8	恩格斯《反杜林论》
	9	马克思恩格斯书信精选
	10	列宁《论我国革命》

从学院人才培养方面看，将课外阅读经典纳入培养方案中的科研实践环节，旨在引导马院师生养成阅读经典的生活方式，培养在马读马、在马懂马、在马信马、在马用马的马克思主义理论专业人才。从学院建设方面看，旨在营造学术氛围，打造书香马院，为培养高质量马克思主义理论人才提供良好文化环境，因此课外经典阅读作为学院文化建设的重要内容也要常抓不懈。

（二）带动全校学生走进经典，感受真理魅力

学院将经典读书活动延伸到思想政治理论课堂，推动思政课经典化教学改革，是思想政治理论课的思想性、理论性等本质属性的要求。要把新时代大学生培养成能够担当民族复兴大任的社会主义建设者和接班人，必须掌握马克思主义立场、观点和方法这一锐利的思想工具，仅仅接触和理解教材体系是不够的。教师在实现教材体系向教学体系转化的过程中，只有掌握第一手文献资料，基于经典文本的解读，才更容易令人信服，才能避免错误解读。教师不能成为马克思主义经典的"二道贩子"，在课堂上向学生宣讲其他人对马克思主义的解读，而要回归原典，给学生送去原汁原味的精神大餐。

二、组织实施与宣传报道

为确保马克思主义理论专业学生把阅读经典活动落到实处，能够真读细读，确有收获，学院加强了组织实施和效果检查。一是向学生赠送电子版、纸质版经典书籍；二是开展分组分类阅读，选出负责组长；三是配备指导老师，发布阅读书目；四是定期盘点；五是总结表彰，每学期聘请一位青年学术素养培训中心主任指导获奖论文修改与发表；六是通过加强宣传报道广泛推广，影响、带动其他院系广大学生参与阅读经典活动。

（一）组织实施

每年9月份"读书文化节"开幕式上启动"拥抱经典"师生一起

每日打卡读经典活动，学院向每位新生赠送一套纸质版的《马克思恩格斯选集》、《〈走进经典〉导读》，还有电子版全套经典著作，并将考核结果纳入本科生、研究生培养方案，要求连续 2—4 学期每天至少打卡阅读 1 页马克思主义经典著作、每学期提交 1 篇经典读书报告后，才能获得相应学分毕业。学院组成了六七个经典著作读书小组，利用微信小程序"小打卡"软件进行自动统计。同时召开总结表彰大会，公布打卡天数排行榜、打卡页数排行榜、优秀论文排行榜，向上榜人员颁发获奖证书和奖品。

2019 年下半年在"初心使命"主题教育期间，学院开办了初心讲堂，举办了线下读经典活动，邀请专家进行现场导读，或由学院教师分工认领书目解读，每周一次，初步形成了线上线下相结合、课内课外全覆盖的阅读经典模式。

1. 向新生赠送纸质版原著和电子版经典著作

教师向马院新生赠送纸质版、电子版经典著作

2. 马克思主义学院师生读书小组 2018 年秋季学期—2019 年秋季学期打卡阅读书目

2018 年秋节学期—2019 年秋季学期打卡阅读书目

组别	学期	阅读书目			
		序号	文章	出处	页码
第一组	2018秋季	1	《马克思学说的历史命运》	《列宁全集》第2版第23卷	1—4
		2	《马克思主义的三个来源和三个组成部分》		41—48
		3	《马克思主义和修正主义》	《列宁全集》第2版第17卷	11—19
		4	《论马克思主义历史发展中的几个特点》	《列宁全集》第2版第50卷	84—89
		5	《论欧洲联邦口号》	《列宁全集》第2版第26卷	364—368
		6	《无产阶级革命和叛徒考茨基》	《列宁全集》第2版第35卷	243—251
		7	《唯物主义和经验批判主义》	《列宁全集》第2版第18卷	7—9、33—46、95—104、122—153、156—173、179—199、316—328、337—346、351—363、374—375
		8	《哲学笔记》（节选）	《列宁全集》第2版第55卷	77—317
		9	《怎么办?》	《列宁全集》第2版第6卷	5—51
		10	《进一步，退两步》	《列宁全集》第2版第8卷	247—272、379—415
		11	《社会民主党在民主革命中的两种策略》	《列宁全集》第2版第11卷	1—4
	2019春季	《毛泽东选集》第一卷			

续表

组别	学期	阅读书目			
		序号	文章	出处	页码
	2019秋季	1	《论持久战》	《毛泽东选集》第二卷	439—518
		2	《中国革命与中国共产党》		621—656
		3	《新民主主义论》		662—711
		4	《论十大关系》	《毛泽东选集》第五卷	267—288
		5	《关于正确处理人民内部矛盾的问题》		363—402

续表

组别	学期	阅读书目			
第二组	2018秋季	《马克思恩格斯全集》第一卷			
	2019春季	序号	文章	出处	页码
		1	《对欧洲和俄国的土地问题的马克思主义观点》	《列宁全集》第2版第7卷	91—98
		2	《社会民主党纲领草案及其说明》	《列宁全集》第2版第2卷	69—93
		3	《俄共（布）纲领草案》	《列宁全集》第2版第36卷	76—93
		4	《关于党纲的报告》		137—157
		5	《关于无产阶级文化》	《列宁全集》第2版第39卷	331—333
		6	《关于工会在新经济政策条件下的作用和任务的提纲草案》	《列宁全集》第2版第42卷	365—376
		7	《卡尔·马克思》	《列宁全集》第2版第26卷	47—95
		8	《弗里德里希·恩格斯》	《列宁全集》第2版第2卷	1—12
		9	《马克思主义和修正主义》	《列宁全集》第2版第17卷	11—19
		10	《共产主义》	《列宁全集》第2版第39卷	127—129
		11	《无产阶级革命和叛徒考茨基》（节选）	《列宁全集》第2版第35卷	321—327
		12	《论战斗唯物主义的意义》	《列宁全集》第2版第43卷	23—32
		13	《论国家》	《列宁全集》第2版第37卷	59—76
	2019秋季	《习近平谈治国理政》第二卷			

续表

组别	学期	阅读书目			
第三组	2018 秋季	《社会主义从空想到科学的发展》			
	2019 春季	《之江新语》			
	2019 秋季	序号	文章	出处	页码
		1	《马克思和恩格斯通信集》	列宁专题文集 《论马克思主义》	73—80
		2	《在马克思恩格斯纪念碑揭幕典礼上的讲话》		81—82
		3	《无产阶级革命的军事纲领》	列宁专题文集 《论社会主义》	6—17
		4	《论无产阶级在这次革命中的任务》（节选）		18—22
		5	《俄共（布）第七次（紧急）代表大会文献》（节选）		63—78
		6	《论我们报纸的性质》		135—137
		7	《无产阶级专政时代的经济和政治》		153—163
		8	《俄共（布）第十次代表大会文献》（节选）		195—211
		9	《十月革命四周年》		240—248
		10	《论合作社》		348—355
		11	《宁肯少些，但要好些》		366—380
		12	《俄国社会民主党人的任务》	列宁专题文集 《论无产阶级政党》	25—45
		13	《什么是"人民之友"以及他们如何攻击社会民主党人?》（节选）	列宁专题文集 《论辩证唯物主义和历史唯物主义》	153—218
		14	《对欧洲和俄国的土地问题的马克思主义观点》	列宁专题文集 《论资本主义》	50—57
		15	《亚洲的觉醒》		79—80
		16	《打着别人的旗帜》（节选）		91—96

续表

组别	学期	阅读书目			
第四组	2018秋季	《尼克马各伦理学》			
	2019春季	《邓小平文选》			
	2019秋季	序号	文章	出处	页码
		1	《商品》	《资本论》第一卷	47—102
		2	《交换过程》		103—113
		3	《货币或商品流通》		114—170
		4	《货币转化为资本》		171—205
		5	《不变资本和可变资本》		232—244
		6	《剩余价值率》		245—266
第五组	2018秋季	《毛泽东选集》第一卷			
	2019春季	《资本论》第一卷			
		《邓小平文选》第三卷			
	2019秋季	《邓小平文选》第二卷			
		《邓小平文选》第一卷			
第六组	2018秋季	《马克思恩格斯全集》第一卷			
	2019春季	《毛泽东选集》第一卷			
		《中国哲学史》上册			
	2019秋季	《中国哲学史》下册			
		《正义论》			

3. 马克思主义学院 2020 年秋季学期读书小组名单与阅读书目

2020 年秋季学期读书小组名单与阅读书目

组别	姓名	性别	阅读书目
第一组（18 人） 恩格斯经典著作 指导老师： 王海英、刘辰、杜松石	南铭琪（组长）	男	《马克思恩格斯选集》第三卷 《反杜林论》序言 《政治经济学》379—537
	王一凡（组长）	女	
	徐天天	男	
	林艺铮	女	
	宋雨豪	男	
	潘慧颖	女	
	邵东辉	男	
	韩佳杏	女	
	刘书越	女	
	杨良子	女	
	周淑婧	女	
	李轷蔚	女	
	李硕	女	
	张铮	男	
	卢达辉	男	
	肖滨	男	
	朱奎闽	女	
	刘政宇	男	

组别	姓名	性别	阅读书目
第二组（18人）毛泽东经典著作 指导教师：陈世阳、邱锦、吴国斌、刘玲	房书帆（组长）	女	《毛泽东选集》第一卷：《中国社会各阶级的分析》《湖南农民运动考察报告》《中国的红色政权为什么能够存在》《星星之火，可以燎原》《中国革命战争的战略问题》《实践论》《矛盾论》
	姜雨锦（组长）	男	
	王晨	女	
	唐浚翔	男	
	王一凡	女	
	胡瑀喆	男	
	王梓煜	女	
	朱怡澄	女	
	李平坡	女	
	刘晓杰	女	
	蒋倩	女	
	王也	女	
	王昭雯	女	
	王启煜	男	
	丁雪晨	男	
	胡庭阁	男	
	王恒璇	女	
	陈俊男	男	

续表

组别	姓名	性别	阅读书目
第三组（18人） 习近平新时代中国特色社会主义思想著作 指导老师： 齐冰、王殿玺、李娟、马祖兴	赵奕清（组长）	女	《之江新语》 至少105页，延伸阅读50页或更多
	赵筱煜（组长）	女	
	郭一龙	男	
	郭爽	女	
	沈文萱	女	
	尹扬帆	女	
	陈瑜	女	
	郑瀚钧	男	
	熊吉雅	女	
	刘佳钰	女	
	陈启红	女	
	侯鑫磊	女	
	沈思雨	女	
	高雨君	女	
	杨雨恒	男	
	刘子依	女	
	白雪	女	
	侯东昉	男	

续表

组别	姓名	性别	阅读书目
第四组（18人） 列宁经典著作 指导老师： 李红霞、杜雅	张宏治（组长）	女	列宁专题文集《论马克思主义》 列宁专题文集《论辩证唯物主义和历史唯物主义》
	刘婷婷（组长）	男	
	倪铭蔚	女	
	陈鹏宇	男	
	田宇佳	女	
	魏子淇	男	
	周佳璇	女	
	桑子滨	女	
	罗之颖	女	
	孙艺轩	女	
	刘俊平	男	
	仲葆玥	女	
	李龙庆	男	
	王海桦	女	
	陈琪然	女	
	李嘉	女	
	张建丽	女	
	王力宸	男	

组别	姓名	性别	阅读书目
第五组（18人） 马克思经典著作 指导老师： 李慧华、贾梽钊、邱珍	耿颐迪（组长）	女	《马克思恩格斯选集》第三卷、第一卷 《法兰西内战》 《德意志意识形态》节选 共201页
	涂先强（组长）	男	
	王献钦	男	
	张宏旭	男	
	齐悦杉	女	
	宋心悦	女	
	邵月虹	女	
	王俏冰	女	
	齐楠楠	女	
	莫红岭	女	
	上官嘉雯	女	
	刘永芳	女	
	张非凡	女	
	刘旭宸	男	
	潘靖轩	男	
	侯榕芳	女	
	庄文昊	男	
	许晴	女	

续表

组别	姓名	性别	阅读书目
第六组（18人） 邓小平、江泽民、胡锦涛经典著作 指导老师： 邹秀春、周学政、罗士洞	付俊杰（组长）	女	《江泽民文选》第一卷至少105页，延伸阅读50页或更多
	王茹（组长）	女	
	俞纪洲	男	
	杨凯清	男	
	朱家豪	男	
	雷胡喆	男	
	史凌维	女	
	张树里	女	
	黎文杏	女	
	王孝虹	女	
	张力一翔	女	
	奎桂春	女	
	韩生满	男	
	赵婉龄	女	
	李逸群	女	
	田访雨	女	
	朱哲源	男	
	赫婧媛	女	

续表

组别	姓名	性别	阅读书目
第七组（18人） 优秀传统文化 指导老师： 李慧、秦彪生、兰薇、 谢晓雪	陈松（组长）	女	《古文观止》上 至少105页，延伸阅读50页 或更多
	李智（组长）	女	
	高嫄	女	
	崔冲	男	
	张骅扬	男	
	王迪	女	
	李雨锡	女	
	蔡粤蒙	女	
	李佳怡	女	
	吴佳怡	女	
	刘慧怡	女	
	林芊汝	女	
	马奕涵	女	
	李晨柳	女	
	王子瑜	女	
	郑钧桐	女	
	张海霞	女	
	毕冬琪	女	

4. 马克思主义学院 2021 年春季学期读书小组阅读书目

结合党史学习教育统一打卡阅读《论中国共产党的历史》。

5. 其他阅读经典形式

除坚持线上每日打卡读经典活动外，在马克思主义理论专业中还组织接力朗读，制作有声经典读物等，以这些形式开展阅读经典活动。

6. 线下每周读书会

2021 年马克思主义学院初心讲堂"拥抱经典"线下读书会
（暂定每周五下午，共 15 次）

序号	主持人	主讲人	经典文本	文本出处	所属教研室
1	李慧华	王海英	《德谟克利特的自然哲学和伊壁鸠鲁的自然哲学的差别》（一）	马克思恩格斯全集，第2版第1卷	原理教研室
2	杜雅	杜松石	《德谟克利特的自然哲学和伊壁鸠鲁的自然哲学的差别》（二）		
3	刘辰	邱珍	《论犹太人问题》（一）	马克思恩格斯全集，第1卷	
4	邱珍	刘辰	《论犹太人问题》（二）		
5	谢晓雪	兰薇	《〈黑格尔法哲学批判〉导言》（一）	马克思恩格斯全集，第1卷	德育教研室
6	兰薇	李慧	《〈黑格尔法哲学批判〉导言》（二）		
7	李慧	谢晓雪	《〈黑格尔法哲学批判〉导言》（三）		
8	贾椰钊	李红霞	《1844 年经济学哲学手稿》（一）	马克思恩格斯全集，第1卷	概论教研室 职业就业教研室 原理教研室
9	李娟	毛菲	《1844 年经济学哲学手稿》（二）		
10	毛菲	李娟	《1844 年经济学哲学手稿》（三）		
11	李娟	齐冰	《关于费尔巴哈的提纲》	马克思恩格斯全集，第1卷	概论教研室
12	刘玲	陈世阳	《德意志意识形态》（一）	马克思恩格斯全集，第1卷	纲要教研室 形势与政策教研室
13	刘玲	吴国斌	《德意志意识形态》（二）		
14	吴国斌	孙子怡	《德意志意识形态》（三）		
15	吴国斌	刘玲	《德意志意识形态》（四）		

（二）宣传报道

北体"拥抱经典"有声读物系列活动倡议书

2017 年 12 月 25 日

马克思主义是人类迄今为止最先进的思想体系，是人类文明的瑰宝，是我们立党立国的根本指导思想。研读经典著作是把握马克思主义基本理论的基本功。经典著作不仅包含着马克思主义经典作家所汲取的人类探索真理的丰富思想成果，而且体现了他们攀登科学理论高峰的不懈追求和艰辛历程。因此，把握马克思主义基本理论，需要追本溯源，原原本本学习和研读经典著作，以领略马克思主义经典作家宽广的理论视野、严密的思维逻辑和敏锐的洞察力。

充分吸收这一思想理论宝库的"养分"，是民族复兴大业对时代新人提出的要求。作为强国一代的马克思主义理论专业的大学生，党和国家对我们寄予厚望，我们身上肩负着实现富强民主文明和谐美丽社会化现代化强国的历史重任，应该打好马克思主义理论功底，专心致志，心无旁骛地感悟马克思主义经典著作历久弥新的思想价值。不仅要精通它，还要应用它；既要用来提升个人的思想境界，还要用来解决实践中遇到的各种问题。总之，坚持研读与思考的结合、历史与现实的连通、理论与实践的互动，是提高思想政治理论水平应遵循的原则。

要做马克思主义最忠实的传播者，经典著作字字珠玑、内涵深厚，要与书籍同行，向经典致敬。

2017 年 11 月，北京体育大学首批马克思主义理论专业方向班集体录制了《德意志意识形态》经典有声读物，通过这项活动，同学们感受到了经典作家思想的魅力，自己的思想也得到了升华。

为此，马克思主义理论专业方向班向全校同学发起"拥抱经典，感受精神魅力"的倡议，期待有更多的青年学子参与到阅读经典原著、

录制经典有声读物活动倡议人

录制有声读物这项又有趣又有意义的活动中来。有兴趣参与的同学请将
音频发至邮箱 qiu1234678@163.com，要求经典有声读物录制统一格式
为 mp3，可适当配背景音乐；不超过 30M，不超过 30 分钟。

"拥抱经典"系列有声读物（一）
马克思主义理论方向班读《德意志意识形态》（上）

2017 年 12 月 25 日

《马克思恩格斯选集》第一卷《德意志意识形态》（一）（德语版）

　　《德意志意识形态》是马克思和恩格斯为清算作为当时"德意志意识形态"代表的青年黑格尔派哲学，告别"德意志意识形态"这一过去的信仰而作，标志着马克思主义哲学的创立。该书通过批判以费尔巴哈、鲍威尔和施蒂纳为代表的青年黑格尔派哲学，以及当时在德国流行的所谓"真正的"社会主义或"德国社会主义"，首次对唯物史观作了比较系统的阐述，为无产阶级和劳动群众提供了科学的世界观和方法论。该著作因书报检查机关的阻挠和出版商对批判对象的同情在马克思生前未能出版。

　　2017 年 11 月，北京体育大学首批马克思主义理论专业方向班集体录制了《德意志意识形态》经典有声读物，通过这项活动，同学们感受到了经典作家思想的魅力，自己的思想也得到了升华。

方向班邓天明同学："大学以来第一次阅读马列原著，感觉既兴奋又向往。在课上，李红霞老师让大家每人都阅读一段内容，然后细心地为大家分析其中所蕴含的道理，并解答同学们的疑惑。原著选读课很好地带动了大家阅读的积极性，我们也会在学习马克思主义理论的道路上不忘初心，砥砺前行，学成后，用知识的力量，为国家的富强和中国梦的实现奉献出自己的力量。"

方向班刘佳钰同学："马克思主义经典著作字字珠玑，内涵深厚，是人类智慧的结晶，是人类文化的精华，是文明进步的阶梯。我们要与书籍同行，向经典致敬，更要做马克思主义最忠实的传播者！"

方向班于秋雨同学："初次接触马克思主义经典著作，可以说使我一头雾水，丝毫没有头绪，像是在啃一块发硬的面包，但是经过李红霞老师的指导，使我逐渐明白了其中的道理，它发现了人类发展的客观规律，藏着人类最智慧的宝藏，读经典使我睿智。"

我们向身边的同学发起"拥抱经典，感受精神魅力"的倡议，期待有更多的青年学子参与到阅读经典原著、录制有声读物这项又有趣又有意义的活动中来。

"拥抱经典"系列有声读物（二）
北体马院 2017 级硕士班读《共产党宣言》（上）

2018 年 2 月 24 日

《共产党宣言》德语版

2017 级硕士班全体同学

《共产党宣言》是卡尔·马克思和弗里德里希·恩格斯为世界上第一个国际性的无产阶级政党——"共产主义者同盟"起草的纲领，写于 1847 年 12 月至 1848 年 1 月，并于 1848 年 2 月 21 日在伦敦第一次以单行本问世，2 月 24 日正式出版，至今刚好 170 周年。《共产党宣言》是马克思主义与国际工人运动相结合的产物，也是对马克思主义首次完整、系统的表述，标志着马克思主义的正式诞生。在这部 25000 多字的文献中，马克思和恩格斯运用唯物史观特别是阶级分析方法，从社会基本矛盾运动及其所揭示的规律出发，对人类社会的历史特别是资本主义社会进行了深刻的剖析，并在总结工人运动经验的基础上，全面阐述了科学社会主义的基本思想，同时对形形色色的社会主义思潮进行了深入的分析和批判，彻底划清了科学社会主义和空想社会主义的原则界限，为无产阶级登上近代政治舞台提供了强有力的理论指导。《共产党宣言》旗帜鲜明地指出了马克思主义理论的核心思想和目标诉求："共产党人可以把自己的理论概括为一句话：消灭私有制"，最终的目的是实现每个人的自由全面的发展，并提出了"资本主义必然灭亡和共产主义必然胜利"这一科学结论。

《共产党宣言》中文第一版

　　1920 年 8 月，由陈望道先生翻译的《共产党宣言》中文第一版在上海出版，初印了 1000 册。由于编印者疏忽，首译本红色封面的书名错印成"共党产宣言"，故于 9 月再版加以更正，又印了 1000 册，封面为蓝色。值得一提的是，陈望道先生在翻译书稿时还发生了一件有趣的事。1920 年春，陈望道带着日译本和英译本的《共产党宣言》回到故乡浙江义乌分水塘村，在一间久未修茸的柴屋里，用两条长凳、一块铺板支起写字台孜孜不倦地翻译。一夜，母亲送来粽子和一碟红糖当点心充饥。隔了一会儿，母亲在门外问："红糖够不够甜？"他正全神贯注于工作，随口答道："够甜，够甜的了。"直到母亲收拾碗碟时才发现，红糖一点儿也没动，他错把墨汁当成红糖水，满嘴都是黑乎乎的墨汁。在他心里，信仰的味道就像红糖一样甜。

北京体育大学马克思主义学院"走进马克思"活动纪实

——纪念马克思诞辰 200 周年系列活动（三）

2018 年 5 月 23 日

北京体育大学马克思主义学院在马克思诞辰 200 周年之际，举办了多种形式的"走进马克思"主题活动。

一、"致敬马克思"诗歌创作

在学院"科学社会主义理论与实践：发展历程与经验教训"国际会议召开之际，马克思主义理论实验班全体同学投入到用诗歌纪念马克思诞辰 200 周年的创作热潮当中。在数十篇原创诗歌中，姚心圆同学创作的《致敬马克思》和姜炫同学创作的《献给卡尔·马克思》脱颖而出，感情真挚，文笔细腻，在国际会议开幕式上分别由姚心圆、于秋雨两位同学向与会国内外学者进行了展示，两位同学声情并茂的朗诵伴随着舒缓优美的配乐，升华了此次国际会议的主题，表达了马克思主义理论专业学生对马克思崇高的敬意。

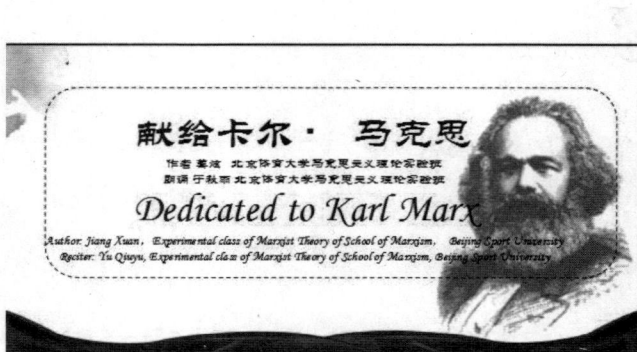

姜炫同学创作的《献给卡尔·马克思》

二、"走进马克思"知识竞赛

在马克思主义理论实验班"马克思主义发展史"专业课与"马克思主义基本原理"公共课社会实践活动中开展了"走进马克思"知识竞赛。

2018年5月10日上午10点，我院马克思主义理论实验班"马克思主义发展史"专业课社会实践环节组织了"纪念马克思诞辰200周年知识竞赛"活动。本次知识竞赛由学生自行组题，自行主持，并采用现代化信息技术实现了全员参与、即时反馈。同学们通过课上听讲和课下读书，提炼了60个有关马克思生平、马克思主义理论形成过程及马克思主义中国化最新成果等问题。陈彬劼、于秋雨两位同学主持了本次活动。竞赛采用"雨课堂"手机软件在线抢答的形式，答题过程中同学们热情高涨、欢笑连连，现场氛围轻松愉快。答题结束后，主持人公布了分别获得一、二、三等奖同学的名单，邱珍老师为获奖同学颁发了《资本论》《毛泽东选集》和《邓小平文选》等经典读本，作为竞赛奖品。

与此同时，武术学院、心理学院、运动人体与科学学院和运动医学与康复学院的"马克思主义基本原理概论"课程的社会实践教学也开展了这项活动。此项活动激发了同学们学习马克思主义理论的兴趣，巩固了关于马克思主义理论的基本知识，引导青年大学生将对马克思伟大人格和历史功绩的缅怀之情，化成了学习马克思主义理论、领会马克思深邃思想的实际行动。

运动人体与科学学院比赛现场

运动医学与康复学院比赛现场

马克思主义方向班比赛现场

武术学院比赛现场

纪念马克思诞辰 200 周年知识竞赛

向一等奖获得者颁发证书

向二等奖获得者颁发证书

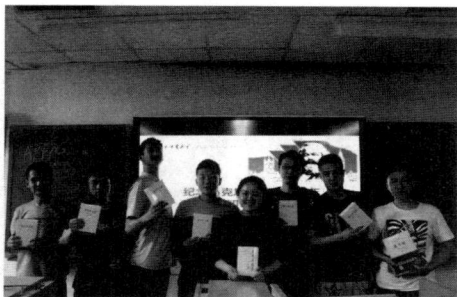

向三等奖获得者颁发证书

三、"拥抱经典　感受精神魅力"倡议活动再现高潮

2017 年秋季学期，马克思主义理论实验班全体同学向全校学生发起了"拥抱经典，感受精神魅力"读经典原著、录有声读物倡议书。实验班全体学生和全校"马克思主义基本原理概论课"全体学生先后朗读了《〈黑格尔法哲学批判〉导言》《关于费尔巴哈的提纲》《德意志意识形态》《共产党宣言》《社会主义从空想到科学的发展》等经典著作，录制了系列经典有声读物。实验班的袁颖和汝果两位同学在 2018 年 5 月 12 日的"科学社会主义理论与实践：发展历程与经验教训"国际学术研讨会开幕式上，向国内外与会学者展示了《共产党宣言》《习近平在纪念马克思诞辰 200 周年大会上的讲话》朗诵片段，以此表达对马克思的讴歌和缅怀，为本次国际学术研讨会增添了经典色彩和历史的韵味。

实验班同学朗诵马克思主义经典著作片段

书香马院 | 北体马院首届读书学习节开幕式暨
青年师生学术素养培育中心成立仪式

2018 年 9 月 14 日

为做好新时代教育工作，扎实推进学校"双一流"建设，提升学院科研水平，按照习近平总书记读原著、学原文、悟原理系列重要讲话精神，贯彻落实教育部和学校党委关于进一步加强校风学风的要求，北京体育大学马克思主义学院于 2018 年 9 月 12 日晚 18：30 在教学楼 315 教室成功举行读书学习节开幕式暨青年师生学术素养培育中心成立仪式。马克思主义学院党总支书记付红星、副院长李红霞以及马院全体师生共同参加了此次活动。活动由马克思主义学院 2018 级本科生辅导员吴国斌主持。

本次活动有三个主题：1. 读书学习节开幕；2. 成立青年师生学术素养培育中心；3. 启动"以书慧心，何惧前行"经典读书会。

读书学习节开幕式暨青年师生学术素养培育中心成立仪式

副院长李红霞教授致辞

　　建设书香马院，打造学术氛围。开幕式上，副院长李红霞教授对马克思主义学院首届读书学习节暨青年师生学术素养培育中心的有关事宜进行了详细介绍。李红霞强调，一、马克思主义学院师生应进一步加强马克思主义理论的学习与研究。以学院教师导读经典著作的方式激发学生的阅读兴趣，鼓励师生在阅读的同时撰写学术论文，并定期聘请论文写作专家对优秀论文进行现场指导，促进提升学生科研能力。二、要发扬北体出早操传统，让学生养成晨读晨练的生活方式。三、马院学生在阅读经典小组中，要制定相应的学习任务，小组成员要相互监督，养成每天阅读打卡的好习惯。

付红星书记为周学政教授颁发青年师生学术素养培育中心主任聘书

李红霞教授为青年师生学术素养培育中心指导教师颁发聘书

青年师生学术素养培育中心指导教师为学生赠送书籍与电子版资料 U 盘

各经典阅读小组合影留念

在最后的总结发言中，党总支书记付红星首先对马克思主义学院二十六连在新生军训中包揽全部奖项表示祝贺，并希望马院学子在今后的学习生活中继续保持干劲。付红星指出，一、新时代新形势，改革开放和社会主义现代化建设对教育和学习提出了新的更高的要求。时代呼唤提高，时代召唤新人才。二、全院要大兴学习之风，坚持学习、学习、再学习，认真研读马克思主义经典著作，打好学科理论基础，同学们要走进图书馆，珍惜学习时光，心无旁骛求知问学。三、同学们要做一个有志向、有理想、有梦想的时代新人，树立高远志向，增长见识，丰富学识，沿着求真理、悟道理、明事理的方向前进，仰望星空，脚踏实地。四、构建更高水平的人才培养体系，不断加强师资建设，强化教学管理，健全学科建设，完善课程体系，打造国际化办学模式。

梦想从学习开始，好学才能上进。此次活动在一片热烈的掌声中落下了帷幕，但知识海洋上的征途才刚刚启航。同学们纷纷表示，读书学习节的开幕和青年学生学术素养培育中心的成立为学院营造了浓厚的学习氛围、学术氛围，今后将切实做到读经典、学经典、用经典，以社会主义的合格建设者和可靠接班人为使命担当，为把学校建设成为世界一

首届读书学习节

流大学而努力奋斗。

不始于知识，不止于真理！

授人以艺，育人以德，塑人以美！

拥抱经典，感受思想的魅力！

品读信仰味道，感受经典魅力

——北体马院"不忘初心 牢记使命"主题教育系列报道

2019 年 10 月 8 日

9 月 29 日晚，北体马院召开"不忘初心 牢记使命"主题教育 ——"拥抱经典"每日打卡读书活动总结表彰大会暨习近平"初心与使命"重要论述导读，会议由李红霞副院长主持。本次主题教育邀请了中央民族大学马克思主义学院党总支书记、院长孙英教授，为马院师生"拥抱经典"每日打卡阅读经典活动提供指导，同时围绕习近平"初心与使命"重要论述进行导读，为初心讲堂开启第一讲。北京体育大学马克思主义学院原执行院长李庚全教授、党总支书记付红星、副院长李红霞及学院教师和全体学生参加了本次主题教育。

（一）
北体马院师生"拥抱经典"
每日打卡读书活动总结表彰大会

为贯彻落实习近平总书记在马克思诞辰 200 周年纪念大会上关于"读原著、学原文、悟原理"的重要讲话精神，打造书香马院，全面提升马院师生的理论素养，北京体育大学马克思主义学院于 2018 年 9 月启动了全院师生"拥抱经典"每日打卡阅读经典读书活动。活动将本科生、研究生和教师分成六组，每组教师根据固定的指导范围轮流对学生进行指导，并将此项要求列入了 2018 版马克思主义理论本科专业和硕士、博士研究生培养方案，要求学生坚持打卡 4 个学期，提交 4 篇读书报告，方可获得专业实践学分。

付红星书记对 2018—2019 学年马院学生的打卡读书情况进行了总结。他认为阅读马克思主义经典可以涵养正气，正气是通过读书在内心长期积累而成的，同时可以坚定理想信念，读经典、悟原理是马院学子坚定理想信念的重要途径和方法。习近平总书记指出："要原原本本学习和研读经典著作，努力把马克思主义哲学作为自己的看家本领。"提高担使命的能力就需要把学习马克思主义哲学经典著作、基本原理同学习习近平新时代中国特色社会主义思想特别是贯穿其中的哲学思想紧密结合起来，从中汲取智慧和力量，唯有如此，我们的理想信念才会更加坚定不移，我们的事业才会更加一往无前。希望马院学子能够坚持不懈，将读马克思主义经典作为一种生活习惯，不断提高马克思主义理论素养，让浩然之气充盈世间。

付红星书记讲话

孙英教授、李庚全教授、付红星书记、李红霞副院长、学术素养培育中心原主任周学政教授向打卡天数排行榜前5名和打卡页数前5名，以及9名优秀论文获奖者颁发了奖状，学术素养培育中心主任周学政教师将为获奖论文作者发表论文提供进一步的修改指导。

获奖名单

"拥抱经典"每日打卡读书活动优秀论文

一等奖：沈思雨　王启煜　　王恒璇

二等奖：李轹蔚　上官嘉雯　刘永芳

三等奖：刘旭宸　李逸群　　侯鑫磊

读书打卡天数排行榜（天）

第一名：沈思雨（356）

第二名：侯鑫磊（342）

第三名：李逸群（300）

第四名：王恒璇（295）

第五名：张建丽（282）

读书打卡页数排行榜（页）

第一名：沈思雨（567）

第二名：王恒璇（500）

第三名：丁雪晨（467）

第四名：张建丽（429）

第五名：张恩圆（406）

向获奖学生颁发证书

付红星书记向李庚全教授颁发了聘书，聘请李庚全任学术素养培育中心新一任主任，下一步他将为学生提供论文写作规范指导，以及获奖论文发表修改方面的指导。

付红星书记向李庚全教授颁发聘书

之后，李红霞副院长对 2019—2020 学年的读书活动进行了统一安排。由各组指导老师向本科新生和硕士新生赠送了纸质版经典书籍和存有电子版经典文献的 U 盘。最后，中央民族大学马克思主义学院党总支书记、院长孙英教授介绍了个人工作室开展阅读经典活动的经验做法，对北京体育大学马克思主义学院"拥抱经典"每日打卡读书活动予以了肯定，同时希望马院学子能够继续坚持打卡读书，从经典中汲取知识，坚定信念。

经过一年的读书打卡活动，北体马院已形成了良好的读书氛围，树立了良好的学习风气，读经典正逐渐成为马院人的生活方式。

各组教师向学生赠送纸质版和电子版经典著作

（二）

初心讲堂话初心

——习近平"初心与使命"重要论述导读

孙英教授长期从事思想政治教育和伦理学的教学和科研工作，出版《幸福论》等著作多部，主持国家级、省部级科研项目7项，发表论文50余篇。2004年被确定为北京市高校思想政治理论课学科带头人，2015年获北京市宣传文化系统"四个一批"人才，2016年被评为首批北京高校思想政治理论课特级教授，入选教育部高校思政课教师年度影响力人物，2018年荣获"北京市师德先锋"称号。

孙英教授为马院师生带来了初心讲堂第一讲——习近平"初心与使命"重要论述导读。她从"不忘初心，牢记使命"主题教育的重大意义、中国共产党人的初心使命与习总书记的情怀、中国共产党人怎样守住初心、中国共产党人怎样担起使命、习总书记的语言风格五个部分进行了解读。

孙英教授认为，当前开展"不忘初心，牢记使命"主题教育的重大意义在于，是用习近平新时代中国特色社会主义思想武装全党的需要，是推进新时代党的建设，应对精神懈怠、能力不足、脱离群众、消极腐败"四大危险"和执政考验、改革开放考验、市场经济考验、外部环境考验"四大考验"的需要，是保持全党同人民血肉联系的需要，更深层的背景来自"四个不容易"：功成名就时做到居安思危、保持创业初期那种励精图治的精神状态不容易；执掌政权后做到节俭内敛、敬终如始不容易；承平时期严以治吏、防腐戒奢不容易；重大变革关头顺乎潮流、顺应民心不容易。她指出了当前主题教育要整治的八大现实问题，对党的初心和使命进行了追根溯源，认为总书记对初心的体悟源自深厚的人民情怀。她认为无论是党员干部，还是时代新人，都要以坚定的理想信念坚守初心，以真挚的人民情怀滋养初心，以公仆意识践行初心。青年人要敢于担当，主动作为，以务实的作风和敢于挑战困难的斗争精神，在实践历练中增长才干。

孙英教授授课

　　孙英教授总结了习近平总书记的语言风格，认为总书记的语言平实中有诗意、坚定中有浪漫、厚重中有真情、深远中有刚毅，最后在精彩的掌声中结束了经典导读课堂。

　　初心讲堂话初心，本次主题教育及学术报告对落实"不忘初心、牢记使命"主题教育工作具有重要意义，孙英教授为全体师生上了一堂生动的党课，马院师生将牢记习近平总书记对体大学子的勉励，继续从经典文献中感受真理的魅力，品读信仰的味道，补足精神之钙，发扬使命在肩、奋斗有我的精神，为社会传递更多的正能量。

在读书中感悟真谛 在经历中学习成长

——马克思主义学院师生共同学习总书记关于疫情防控的重要讲话

2020 年 4 月 24 日

为深入学习习近平总书记关于疫情防控的重要文献，"读原著、学原文、悟原理"，进一步筑牢"众志成城、共克时艰"的思想基础，打好疫情防控斗争的下半场，4 月 23 日，在第 25 个世界读书日，北京体育大学马克思主义学院纲要教研室与研究生联合党支部组织师生党员、预备党员、入党积极分子以及共青团员，通过线上会议的形式，举办了学习《习近平在统筹推进新冠肺炎疫情防控和经济社会发展工作部署会议上的讲话》世界读书日主题活动。

线上会议

自新冠肺炎疫情发生以来，习近平总书记亲自决策、指挥、领导全体人民抗击疫情，更是在抗击疫情的关键时刻，发表重要讲话，极大振奋和鼓舞了全国人民。为更加深刻地体悟总书记的讲话精神，我院师生满怀激情地接力诵读了《习近平在统筹推进新冠肺炎疫情防控和经济社会发展工作部署会议上的讲话》，师生们深受鼓舞，教师和学生代表先后发言。大家纷纷表示：党中央在此次疫情防控中，始终坚持"以人民为中心"的原则，始终把人民群众的生命安全和身体健康放在首位；同时，党中央在此次疫情防控中，充分运用了辩证思维，很好统筹了经济社会发展和疫情防控之间的关系，这正是中国共产党执政能力和执政智慧的体现。我们相信有党中央的坚强领导，有中国特色社会主义制度的显著优势，有强大的动员能力和雄厚的综合实力，有全党全军全国各族人民的团结奋斗，我们一定能够战胜这场疫情，也一定能够保持我国经济社会良好发展势头，实现决胜全面建成小康社会、决战脱贫攻坚的目标任务。

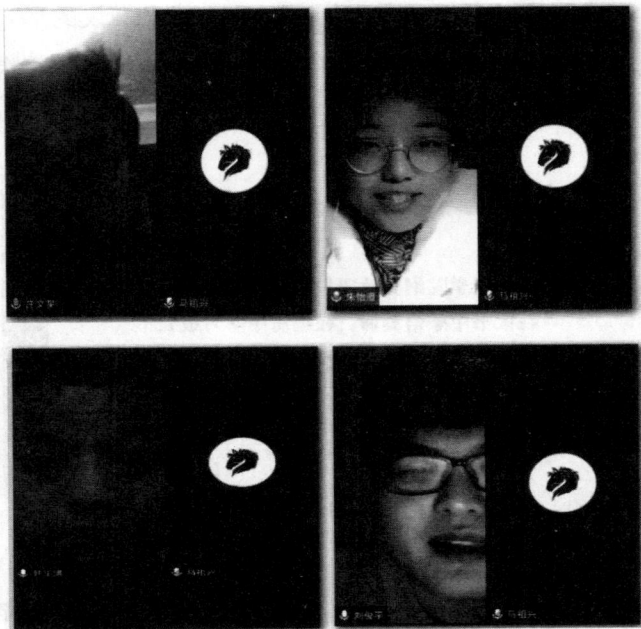

四位同学分享学习感受

同学们还结合自己在抗疫一线的经历分享了学习总书记2月23日讲话的感受。韩生满讲道："疫情之下，我们必须舍小家顾大家，逆行而上。自抗击疫情以来，我和妻子日夜坚守在抗击疫情一线。作为一名警察、一名教师、一名党员、一名北体学子，我们必须冲在前面。守护好人民群众的平安健康，是我们的初心与使命。"刘俊平、王昭雯同学表示：在基层疫情防控工作中深切感受到了基层党组织的引领作用，作为疫情防控"最后一公里"的坚守人与逆行者，基层党组织焕发出强大的动员力、组织力和战斗力；我们看到了基层工作者身上的必胜之心、责任之心、仁爱之心、谨慎之心和为人民服务的工作理念；看到了全国人民的坚定信心、同舟共济；看到了中国特色社会主义制度的优势，更看到了中国精神和中国力量！

最后，支部书记陈世阳总结道："学习总书记的重要讲话，我们要学习总书记以人民为中心的立场，学习总书记站在中华民族伟大复兴、世界格局变迁的高度来看待问题的格局，学习总书记充分利用辩证法处理实际问题的方法，学习抗疫中的中国精神。希望同学们在今后的学习生活中，学会观察、学会思考、学会实践，把这三者统一起来，把读经典中体会到的智慧和情怀，内化为自身素质，投身到中华民族伟大复兴的实践中去。"

此次活动是北体马院"书香马院"系列活动——"拥抱经典"打卡读书活动在疫情防控期间的延续。通过此次学习分享活动，师生们认识到，读书是人一生的修炼，要树立为中华民族伟大复兴而读书的志向；既要读历史上的经典篇章，又要读当下的重要文献；既要读万卷书，又要行万里路，把读书与观察、思考中华大地上发生的生动实践结合起来，在读书中感悟真谛，在经历中学会成长。

一份特殊的生日礼物

北体马院 2020 年 7 月 1 日

北京体育大学马克思主义理论本科 2019 级 1 班阅读经典向党献礼。北京体育大学马克思主义学院 2019 级马克思主义理论本科 1 班积极贯彻总书记在纪念马克思诞辰 200 周年大会上关于"读原著、学原文、悟原理"的重要讲话精神和培养方案中关于阅读经典、夯实马克思主义理论基础的要求，坚持在马克思主义经典著作导读、马克思主义哲学、马克思主义政治经济学等基础专业课中结合文本学习马克思主义基本理论，集体录制马克思主义经典著作有声读物，同时利用课余时间坚持每日打卡读经典活动。在中国共产党成立 99 周年之际，向党献上了一份特殊的生日礼物。

诵读经典文献使同学们接触到了原汁原味的马克思主义理论，更加坚定了马克思主义的信仰、理想和信念，更加明白了中国共产党人的初心使命和革命理想。马克思铿锵有力的话语使同学们深切感受到：马克思主义是科学的理论，是人民的理论，是实践的理论，是不断发展的开放的理论。中国共产党作为马克思主义政党，作为无产阶级的先锋队，无私奉献是它鲜明的精神底色，"为人民谋幸福，为民族谋复兴"是它始终不改的初心使命。2019 级马克思主义理论本科 1 班陈瑜写道："九十九年的披荆斩棘，带领一个半殖民地半封建化的国家走向独立走向复兴，这是一个负责任的党对人民的深情承诺。"根基在人民，血脉在人民，始终坚持以人民为中心，这是中国共产党在革命年代领导人民浴血奋斗，在建设年代率领人民改革创新、创造新世界的成功密码；也是它在国际社会主义低潮中奋起，开辟中国特色主义道路，在自身长期执政的条件下，保持刀刃向内的勇气，加强自身建设，永葆先进性和纯洁性，领导中国人民在世界百年未有之大变局中勇立潮头的根本原因。

2020 年是中国共产党建党九十九年。近百年来，中国共产党人始终不忘初心、牢记使命，始终为实现近代以来中华民族最伟大的梦想而不懈奋斗。一代又一代中国共产党人领导中国人民的不懈奋斗铸就了今天中国的伟大蓝图。今天的中国共产党人依旧在自己的使命和征程上稳步前行。2019 级马克思主义理论本科 1 班郑瀚钧写道："党的十八大以来，以习近平同志为核心的党中央始终牢记党的初心和使命，强化以人民为中心的执政理念，不断巩固党的执政基础，厚植党的执政优势，带领中华民族迎来了从站起来、富起来到强起来的伟大飞跃，赶上伟大的时代倍感荣幸，更感到使命在肩。"作为新时代中国特色社会主义事业的建设者和接班人，2019 级同学坚持读原著、学原文、悟原理，在抗击疫情的战争中受到了精神的洗礼，经历了心灵的成长，他们联系实际学、带着问题学，增长了知识和才干。此时正值习近平总书记在党的99 岁生日前夕给复旦大学《共产党宣言》展示馆党员志愿服务队全体队员回信，同学们表示一定不辜负总书记的希望，真爱、真学、真懂、真信、真用马克思主义，把开展"拥抱经典"小组读原著活动继续下去，做真正的马克思主义理论传播者。同时不忘总书记给北京体育大学研究生冠军班重要回信精神，发扬"使命在肩、奋斗有我"的精神，不忘初心，不辱使命，秉承传统，为社会传递正能量。

北京体育大学马克思主义理论本科 2019 级 1 班全体同学

七一感言

用声音传承经典，用智慧感悟人生。参加录制经典有声读物活动使我更加深入沉浸到伟人的政治智慧里，更加深切地感受到了马克思主义真理的魅力，坚定了传承马克思主义的信念。百年来中国共产党带领中国人民栉风沐雨，砥砺前行，那些惊心动魄赤诚忠心的故事感动着一代又一代中国人，从破旧小船里的一束光照亮在神州大地，如今中国已屹立于世界民族之林，中国共产党使祖国母亲换上了崭新面貌。我怀着感激与自豪的心情庆祝党的 99 岁生日，愿跟随党的脚步，担起民族复兴大任。

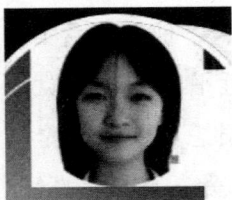

九十九年风和雨，书写艰苦奋斗史；巨龙冲破万重险，翱翔蓝天创天地；党带领人民渡难关，出台政策利万民；祝福中国祝福党，辉煌历史续新篇；研读红色之经典，夯实理论自信心。

自学院组织"读经典"活动以来，我们按照学院老师的要求，深入开展学习马克思主义经典著作活动，"读原著、悟真理"的浓厚读书气氛已蔚然成风。在读书学习的过程当中我们夯实了理论功底，坚定了理想信念，提升了精神境界，增强了学习和工作本领。贺党的 99 岁生日：万里长征，十四年抗战；栉风沐雨，同心同德；历史天空，一扫阴霾；改革开放，社会稳定；人民团结，幸福安康；党的功绩，牢记心中；珍惜生活，来之不易；感恩时代，放飞梦想。祝党生日快乐，愿人民幸福安康！民族复兴，奋斗有我！

初心讲堂第九讲｜"拥抱经典"线下读书会

北体马院 2020 年 11 月 20 日

初心讲堂宣传海报

马克思主义学院于 2019 年 10 月开办初心讲堂，自开办以来，我院借此平台举办了一系列学术讲座活动，内容包括习近平新时代中国特色社会主义思想、党的十九大精神以及马克思主义经典著作，营造了浓厚的学术文化氛围，受到了师生的广泛欢迎。

"拥抱经典"读书活动

要学深悟透习近平新时代中国特色社会主义思想，筑牢信仰之基，补足精神之钙，就要聚精会神地在"读原著、学原文、悟原理"上下功夫。为打造书香马院，全面提升马院师生的学养，北京体育大学马克思主义学院于 2018 年 9 月启动了全院师生"拥抱经典"线上每日读书打卡活动。从 2020 年 9 月起，该活动延伸到线下每周读书会，围绕《马克思恩格斯选集》四卷本进行逐篇解读，开展学术探讨。

主讲人简介

李红霞，北京体育大学马克思主义学院副院长、北京市优秀德育工作者、北京高校思想政治理论课特级教授、北京市习近平新时代中国特色社会主义思想研究中心特约研究员、中国体育法学会常务理事。研究方向为马克思主义基本原理、体育文化理论、俄罗斯问题。著有《俄罗斯私有化正当性问题研究》《当代大学生马克思主义信仰状况研究》等，主持教育部示范马克思主义学院优秀教学团队重点项目、北京市思想政治理论课教学改革创新重大项目、北京市习近平新时代中国特色社会主义思想研究中心重点课题等。北京市丹柯杯基层实践研究优秀成果一等奖。

内容提要

《〈黑格尔法哲学批判〉导言》从唯物主义立场出发，论述对宗教的批判与对现实世界的批判的关系，对黑格尔哲学的批判同对德国现实社会的批判的关系。把批判的矛头指向现实的德国社会，并论述了德国革命的任务和可能性问题。提出德国解放的实际可能性就在于形成一个被彻底的锁链束缚着的阶级，即无产阶级，无产阶级只有从一切社会领域解放出来并同时解放其他一切社会领域，才能解放自己；提出批判的武器不能代替武器的批判，物质力量只有用物质力量来摧毁，但是理论一经掌握群众，也会变成物质力量；提出"哲学把无产阶级当作自己的物质武器，同样地，无产阶级也把哲学当作自己的精神武器"。

　　本周"拥抱经典"线下读书会由北京体育大学马克思主义学院副院长李红霞教授带领我们阅读。《〈黑格尔法哲学批判〉导言》是马克思世界观从唯心主义转向唯物主义，政治立场由革命民主主义向共产主义转变的重要著作。学习本篇论文对于正确认识宗教现象，坚定马克思主义信仰有启发意义；对于理解马克思主义人学理论有指导意义；对于理解理论与实践的辩证关系有启发意义；对于理解无产阶级使命和哲学使命有启发意义。

初心讲堂第 10 讲 | "拥抱经典"每周线下读书会

北体马院 2020 年 12 月 10 日

"不忘初心 牢记使命"主题教育

11 月 27 日下午，北体马院开展了"不忘初心 牢记使命"主题教育——"拥抱经典"每周线下读书会第二次活动，活动内容为研读恩格斯的《政治经济学批判大纲》，活动邀请了北京体育大学马克思主义学院副院长李红霞教授为大家进行深度解读。

本次读书会由邱珍老师主持。首先，形势与政策教研中心的王殿玺博士就自己的阅读体会分享道："恩格斯的这篇天才大纲揭示了整个资本主义经济的实质规律、运行原理以及不可避免的内在矛盾。这篇文章给我最大的印象与启发在于作者的批判思路，即从批判资本主义实质出发对资本主义进行深刻揭示。"

李红霞教授就《政治经济学批判大纲》的写作背景、结构框架、主要内容以及基本观点进行了深入解读与剖析。在讲解过程中，她运用联系与发展的观点将文本中政治经济学范畴放到今日的中国与世界。在

王殿玺老师主（左） 邱珍老师（右）主持读书会

李红霞教授讲解《政治经济学批判大纲》

读到马尔萨斯人口论时，她谈道，今年是中国脱贫攻坚战的收官之年，与资本主义相比，社会主义解决贫困的方法是制度脱贫；在读到价值、竞争范畴时，她对恩格斯提到的未来社会主义的价值与竞争做出现实论证，即资源节约型社会以及大数据的广泛应用。李红霞教授强调，作为第一部马克思主义政治经济学文献，这部天才大纲对于了解马克思主义发展史特别是恩格斯思想立场的转变以及马克思主义政治经济学的形成史具有考古学意义。

交流环节：马克思主义学院青年教师分享读书体会

　　领读环节结束后，李红霞教授与师生进行了交流互动。纲要教研室刘玲老师就人口论问题与李红霞教授探讨了计划生育的历史意义；杜雅老师结合恩格斯后期对这篇文章的看法，与李红霞教授讨论了黑格尔的话语体系对马恩思想过渡时期文章语言风格的影响。

　　经典之所以能成为经典，就因为它经久不衰，经历时空变迁后依然为典范。在恩格斯200周年诞辰来临之际，师生共同探讨这位伟人留下的传世经典，不仅使大家对其思想有了更深的了解，还让我们再次感受到了经典的魅力。马院师生将继续坚持经典阅读，让经典融入生活，品读信仰味道，补足精神之钙，发扬使命在肩、奋斗有我的精神，为社会传递更多正能量。

初心讲堂第 11 讲 | "拥抱经典"每周线下读书会

北体马院 2020 年 12 月 10 日

王海英老师导读课《1844 年经济学哲学手稿》

12 月 4 日下午 16：30，北体马院举办了本学期第三次"拥抱经典"每周线下读书会活动。本次读书会阅读的是马克思的《1844 年经济学哲学手稿》（下称《手稿》）。活动邀请北京体育大学马克思主义学院王海英老师为大家进行导读。

吴国斌老师谈读书体会

　　本次读书会由刘玲老师主持。活动伊始，纲要教研室的吴国斌老师对《手稿》的背景、结构、内容以及意义进行了综合阐释，并分享了他的阅读体会，为更好地帮助同学们理解文本提供了启发。

王海英老师讲解《书稿》

　　王海英老师对《手稿》的写作和出版情况、《手稿》的框架和基本内容、《手稿》的世界影响和当代价值进行了分析。《手稿》是马克思从宗教批判、政治批判转向市民社会批判的结果，其内容可以提炼为以"异化劳动"为核心的国民经济学批判、以"异化的扬弃"为核心的共产主义学说、以"对象性的活动"为核心的哲学批判三个方面。王海英老师强调，《手稿》对于我们从理论上厘清所谓的"两个马克思"的问题，从现实上警惕社会主义市场经济可能发生的异化劳动，具有不可忽视的重要意义。

　　导读结束后，王海英老师与师生进行了亲切交流。几位同学的积极提问都涉及马克思主义的精髓问题，得到了王海英老师的表扬。王海英老师为同学们拨开迷雾，进行了针对性解答，并鼓励同学们通过阅读马克思主义经典文献深入理解马克思主义的深刻内涵。

　　本次读书会使同学们感受到了浓厚的学术氛围，进一步了解了马克思主义的逻辑发展进程以及现实价值，同时，也激发了大家继续研究马

交流环节：王海英教授与同学们亲切交流

克思主义理论的热情。相信在未来，同学们仍会继续坚持"拥抱经典"读书打卡活动，通过阅读经典感受真理的力量与魅力，坚定理想信念，筑牢信仰之基，自觉做共产主义远大理想和中国特色社会主义共同理想的坚定信仰者和忠实实践者，为社会传递更多正能量。

初心讲堂第 12 讲｜"拥抱经典"每周线下读书会

北体马院 2020 年 12 月 21 日

王海英老师讲授《手稿》

　　12 月 11 日下午 16：30，北体马院举办了本学期第四次"拥抱经典"每周线下读书会活动。本次读书会阅读的篇目依然是马克思的《1844 年经济学哲学手稿》（下称《手稿》），主讲人是北京体育大学马克思主义学院的王海英老师。在了解了《手稿》的写作出版情况、基本内容框架、世界影响以及当代价值的基础上，本次读书会王海英老师带领大家对《手稿》原文进行了逐句精读。

课堂学习

　　活动伊始，王海英老师强调了马克思主义经典著作中注释的重要性。讲解过程中，为了活跃课堂氛围，集中大家注意力，王海英老师让同学们依次朗读文章，并简明扼要地总结概括讲解过的段落。

　　《手稿》的前五段批判了国民经济学，即把结果当作前提，导致了某些经济现象的二律背反，在此基础上马克思提出了自己的论证思路，即分析私有制、贪欲同劳动、资本、地产三者的分离之间的本质联系，以及交换和竞争之间、全部异化和货币制度之间的本质联系。从第六段开始，马克思依次对异化劳动的四个基本规定进行了分析论证。

王海英教授

　　此外，王海英老师还对异化、外化、对象化、现实性这几个名词进行了解读，并作了相关拓展——西方的主客体二元对立哲学传统。在西方哲学传统中，主客体一分为二，因此哲学家的研究目的在于探究两者如何统一，唯心主义者认为客体统一于主体，机械唯物主义者则认为主体统一于客体。《手稿》中的一些细节体现了马克思实践唯物主义的苗头（在劳动实践中人与自然互动生成），而这种实践唯物主义实际上已经超越了主客体二元划分的对立。

交流环节：王海英教授与同学们亲切交流

王海英老师说："1000 个人眼里有 1000 个哈姆雷特。"经典阅读需要在独立思考的前提下形成自己的观点。本次读书会上，同学们在细致品读经典的过程中体会到了其中的乐趣和意义，这对于大家形成良好的品读经典习惯、加深对马克思主义经典著作的理解大有裨益。相信在未来，同学们会坚持阅读经典，积极思考、感悟真理的力量与魅力，在阅读中坚定理想信念，并投身于社会主义伟大实践中，为社会传递更多正能量。

三、活动成效

经典育人已成为我校马克思主义理论专业建设的一大亮点。2019年 3 名学生在北京市阅读经典征文比赛中获得三等奖，学院获奖征文也获奖。如今阅读经典已成为北体马院人的生活方式，我们会继续保持这一扎实的优良学风，带头贯彻落实总书记在纪念马克思诞辰 200 周年关于"读原著，学原文，悟原理"的要求，深修马克思主义理论学养。

马克思主义学院
School Of Marxism

读书打卡天数排行榜（天）　读书打卡页数排行榜（页）

第一名沈思雨(356)　　第一名沈思雨(567)
第二名侯鑫磊(342)　　第二名王恒璇(500)
第三名李逸群(300)　　第三名丁雪晨(467)
第四名王恒璇(295)　　第四名张建丽(429)
第五名张建丽(282)　　第五名张恩圆(406)

马克思主义学院
School Of Marxism

"拥抱经典"每日打卡读书活动优秀论文

一等奖：沈思雨 王启煜 王恒璇
二等奖：李铄蔚 上官嘉雯 刘永芳
三等奖：刘旭宸 李逸群 侯鑫磊

2019—2020学年读书打卡情况

2019-2020年各小组平均打卡天数、页数统计

两年来打卡天数最多同学：沈思雨 744天
打卡页数最多同学：沈思雨 2067页

"拥抱经典"每日打卡读书活动优秀论文
School Of Marxism

一等奖（A+）：候榕芳　杨良子　李铄蔚
　　　　　　　丁雪晨　侯鑫磊　张宏旭

二等奖（A）：王恒璇　晁红晔　王启煜
　　　　　　　刘子依　李赢　蒋倩

三等奖（A-）：齐铺楠　仲葆玥　白雪　刘书越
　　　　　　　熊吉雅　王梓煜　魏子淇　黎文杏

读书打卡天数排行榜

第一名　熊吉雅(391天)
第二名　刘永芳(390天)　史凌维(390天)　王俏冰(390天)
第三名　王一凡(389天)
第四名　沈思雨(388天)　张力一翔(388天)
第五名　朱怡澄(386天)
第六名　陈启红(384天)　陈瑜(384天)　李硕(384天)
　　　　潘慧颖(384天)　王孝虹(384天)　魏子淇(384天)

读书打卡页数排行榜

第一名　刘永芳(1600页)　　第二名　沈思雨(1500页)
第三名　王一凡(1452页)　　第四名　熊吉雅(1377页)
第五名　上官嘉雯（1338页）第六名　张非凡(1204页)
第七名　王俏冰(1194页)　　第八名　张宏旭(1080页)
第九名　杨良子(1072页)　　第十名　尹扬帆（977页）

2019 年度"拥抱经典"每日线上打卡读书活动总结表彰情况

校内外专家、学院领导为 2018—2019 年"拥抱经典"每日打卡天数前五名颁发奖状和奖品

朱奎闽的打卡日记
10-29 23:34 · 打卡41天

划分哲学派别的真正重要的认识论问题，并不在于我们对因果联系的记述精确到什么程度，这些记述是否能用精确的数学公式来表达，而在于：我们对这些联系的认识的泉源是自然界的客观规律性，还是我们心的特性即心所固有的认识某些先验真理等等的能力

研读一组
12人已参加1408次打卡

陈俊男
19-03-22 11:09 · 已打卡187天 · 12次浏览

1945年党的七大在延安召开，毛泽东在会议上做了《论联合政府》的政治报告，把党在长期奋斗中形成的优良作风概括为三大作风，即现在的理论联系实际实际，密切联系群众，开展批评与自我批评。党的七大把毛泽东思想确认为党的指导思想并写入党章，这是马克思主义基本原理同中国革命实际相结合过程中的第一次飞跃。

研读二组

陈俊男
19-03-21 09:57 · 已打卡186天 · 13次浏览

李靬蔚
3分钟前 · 已打卡219天 · 1次浏览

中国共产党是英勇坚决的领导了中国的革命战争，在十五年的漫长岁月中，在全国人民面前，表示了自己是人民的朋友，每一天都是为了保护人民的利益，为了人民的自由解放，站在革命战争的最前线。

赫婧媛的打卡日记

为期一年的读书打卡暂时告一段落。通过阅读毛选，我感受到了一些比书本更厚重的东西——伟人思想的结晶。毛泽东以清爽又不失犀利的文笔，以及一个杰出的政治家，军事家而特有的政治嗅觉完成了一篇篇清晰透彻，鞭辟入里的文章。这些经典，即使在社会主义现代化的今天，也有着深远意义。

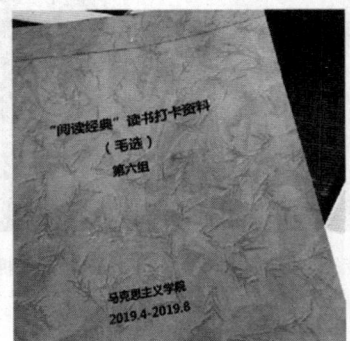

"阅读经典"读书打卡资料（毛选）第六组
马克思主义学院
2019.4-2019.8

马克思主义学院马克思主义理论专业学生打卡截图

64

王维涵2019012147 　••• － ◉

❤ 日记共获得104个赞

26　已打卡83天・10次浏览　　　••••
6月　《中国共产党简史》
　　今年是建党100周年,学习了党史我明确了
许多自己以前不曾知道或记忆模糊的东西,
一本书看下来心潮澎湃,忘不了革命前辈在
硝烟中前仆后继,忘不了无数英雄为祖国解
放事业而奋不顾身,曾经的苦难,曾经的悲
怆,让人难忘,今天的成就,今天的伟业,让人
自豪。

　　马原课阅读打卡群　　　去看看 >
　　132人加圈 1.2万篇日记

❤ 赞　　💬 评论　　↗ 分享

❤ 罗佳豪

8　已打卡85天
6月　《论中国共产党历史》
　　在浦东开发开放三十周年庆祝大会上的讲
话
　　新征程上,我们要把浦东新的历史方位和
使命,放在中华民族伟大复兴战略全局、
世界百年未有之大变局这两个大局中加以
谋划,放在构建以国内大循环为主体、国
内国际双循环相互促进的新发展格局中予
以考量和谋划,准确识变、科学应变、主
动求变,在危机中育先机、于变局中开新
局。

　　马原课阅读打卡群　　　去看看 >
　　132人加圈 1.2万篇日记

❤ 赞　　💬 评论　　↗ 分享

❤ 苏恒 2019011620, 2019012499孟想,
张婉晴2019012461 新闻3班

陈雯2019012495 　••• － ◉

15　已打卡100天　　　••••
6月　打卡第一百天
　　四个全面是从我国发展现实需要中得出来
的,是从人民群众的热切期待中得出来
的,是为推动解决我们面临的突出矛盾和
问题提出来的"。从这个角度理解,四个全
面,抓住改革发展稳定关键,统领中国发
展总纲,确立了新形势下党和国家各项工
作的战略方向、重点领域、主攻目标,是
"坚持和发展中国特色社会主义道路、理
论、制度的战略抓手。

　　马原课阅读打卡群　　　去看看 >

王维涵2019012147 　••• － ◉

补打卡

25　已打卡77天　　　••••
6月　《大国追梦》
　　新的号角已经吹响,新的伟大征程已经开
启。党的100华诞的今年, 共产党及全国
人民会更加紧密地团结起来, 再接再厉、
同心协力、不断进取, 扎扎实实做好改革
发展稳定各项工作, 进而夺取全面建设小
康社会新胜利, 以更加优异的成绩来庆祝
党的100生日, 100载艰苦卓绝, 100载
荣耀辉煌。没有共产党就没有此刻的新中
国, 我坚信: 中国共产党是时代的中流砥
柱, 是中华民族的脊梁。我相信, 在党的
带领下, 我们的祖国将一天比一天强大,
一天比一天繁荣。

　　马原课阅读打卡群　　　去看看 >
　　132人加圈 1.2万篇日记

2019 级新闻班、心理班马克思主义基本原理课"拥抱经典"打卡读书截图

　　马克思主义理论专业学生坚持阅读经典，推动了思想政治理论课经典化教学改革。80%以上的思政课教师在思政课教学中组织了"拥抱经典"的读书活动，并将其列为平时成绩的一部分。例如在马克思主义基本原理教学中，连续多年尝试"拥抱经典，走进马克思"经典化教学。结合马克思诞辰200周年组织各院系学生录制《共产党宣言》有声读物，结合党史学习教育组织学生每日打卡阅读《中国共产党简史》《论中国共产党历史》《大国追梦》等书目，新闻心理班总计打卡阅读11732天，51968页，70%以上学生打卡天数超过100天。此外，还结合不同专业背景学习马克思和恩格斯论教育、论艺术、论新闻等等方面内容，学生们学到的不再是干巴巴的原理，同时也体验到了真理的魅力，受到了思想启迪。

下篇　获奖论文摘编

马克思政治批判的转向：基于《莱茵报》时期政论文章的研究

王恒璇①

摘要： 马克思在《莱茵报》上发表的政论文章清楚地反映了马克思的思想从不成熟到成熟的发展过程，是标志着马克思世界观转变的重要文献。这一时期马克思通过参加现实的社会政治斗争，深入了解了人民的贫困状况，为下层民众辩护，对专制制度进行谴责和批判，撰写了一系列政论文章来表达其对国家、正义、自由、平等思想的深刻理解。对马克思在《莱茵报》时期政治思想的研究，有助于我们深入理解马克思政治思想体系的完整性，更加深刻地认识其理论价值和实践意义。

关键词：《莱茵报》；马克思；政治思想；时代意义

马克思在《莱茵报》时期的政治斗争是其思想发展中的一段重要经历，这段经历让马克思的思想产生了巨大的转变。马克思《莱茵报》时期的政论文章是马克思文集的重要内容，但这个时期的著作长久以来不被重视，根据列宁"两个转变"的论述，它是马克思思想转变的开端，但是由于这一时期马克思的著作存在不成熟性，因而其重要性一直被忽略。19世纪40年代，德国的资本主义虽有发展，但仍然受到封建

---

① 作者系马克思主义学院 2018 级硕士研究生。

势力的严重阻碍，从小受到开明教育的马克思，对封建制度和反动政府极为憎恨。在《莱茵报》工作时期，他的理论主题开始从宗教批判和哲学批判转向了政治批判。他将批判矛头指向了普鲁士的专制统治，在政治立场上转向革命民主主义，并提倡以人民民主取代等级委员会的民主。对人性尊严的维护，对穷人的关注，对人民民主的呼吁，使马克思在此时期以不成熟的形式播下了人类解放的种子。在马克思的影响下，《莱茵报》由一家自由资产阶级反对派的报纸变成具有鲜明革命民主主义倾向的人民喉舌。

《马克思恩格斯全集》第1卷共收录马克思《莱茵报》文章33篇。长期为学界重视的政论文章有10篇左右[①]。本文挑选重点文献6篇，这些文章普遍反映了当时的政治现实和马克思思想的变化，具有一定的研究意义。我们通过梳理其内在结构，分析马克思政治批判的逻辑来探究其历史地位与实践价值。

一、关于马克思政论文章的文本解读

《评普鲁士最近的书报检查令》是马克思开启政治生涯的第一篇政论文章，他在文章中揭露了1841年12月24日弗里德里希-威廉四世所颁布的书报检查令的伪善本质，其中心内容是对出版问题的探讨，论述了实行新闻出版自由的必要性。马克思运用哲学上的逻辑方法来分析政治问题，他看出书报检查令的实质仍然是维护封建的书报检查制度，阻碍自由、民主、正义的进步呼声，维护反动的普鲁士政府。马克思指出，普鲁士警察国家及其书报检查立法的目的不是要保障国家公民在法律面前的平等地位，而是要维护反动势力的利益，把反动统治者的观点和要求提升为法律，以压制广大人民群众的言论自由，因此，这个国家

---

① 王代月：《马克思〈莱茵报〉政论文章研究读本》，中国编译出版社，2016，第115页。

是和人民根本对立的。马克思得出结论说："整治书报检查制度的真正而根本的办法，就是废除书报检查制度。"① 从这里开始，青年马克思转向了争取出版自由的战斗，猛烈地抨击了德国的封建专制制度。

马克思最先在《莱茵报》上发表的是《第六届莱茵省议会的辩论》这一组文章中的第一篇——《关于新闻出版自由和公布省等级会议辩论情况的辩论》。文章一共包括四个部分。第一部分由《普鲁士国家报》上刊登的三篇文章引出有关新闻出版自由的问题；第二部分是有关新闻出版自由辩论的总体状况；第三部分具体评述围绕新闻出版自由所产生的不同观点；第四部分阐述了反对新闻出版自由的逻辑悖论。与《评普鲁士最近的书报检查令》相比，虽然讨论的主题依然是出版自由，但马克思不再从一般的理论出发，而是从具体的政治观点出发来看待新闻自由，他已经深入到辩论各方背后所依靠的等级以及他们的利益，运用等级的分析方法，从等级利益来解释不同等级代表发言的实质。他分别剖析了诸侯等级、骑士等级和城市等级辩论人的发言及其错误之处，总结说，"新闻出版自由的辩护人同他们的论敌没有内容上的区别，只有倾向上的不同"②，等级会议并非代表着人民的利益，而是代表着等级的利益。

马克思在《〈科隆日报〉第 179 号社论》一文中，驳斥了该报政治编辑海尔梅斯的观点，阐述了政治和哲学的相互作用，以及所具有的实践意义。这篇文章由四个部分组成。在第一部分，马克思以嘲讽的方式给海尔梅斯以及他的社论进行了定位。海尔梅斯是一个充满怨言的老人，他所发表的社论，介于社论和广告之间，实质是"告密书"。第二部分介绍了海尔梅斯有关报刊发表文章内容的观点，并分析了其内在矛

---

① 中共中央马克思恩格斯列宁斯大林著作编译局：《马克思恩格斯全集》第 1 卷，人民出版社，1956，第 31 页。

② 中共中央马克思恩格斯列宁斯大林著作编译局：《马克思恩格斯全集》第 1 卷，人民出版社，1956，第 93 页。

盾以及错误。第三部分分析了是否应该在报纸上谈论哲学和宗教问题。第四部分，马克思分析了由海尔梅斯社论所提出的第二个问题，即哲学应该以怎样的方式来研究政治。马克思提出这样的观点："任何哲学都是自己时代的精神上的精华……哲学正在变成文化的活的灵魂，哲学已成为世界的哲学，而世界也成为哲学的世界。"① 这一论述是对黑格尔"哲学是时代精神的精华"的推进。

在《共产主义和奥格斯堡〈总汇报〉》一文中，马克思表明了对当时流行的各种社会主义学说和共产主义学说的不赞同态度，但他从现实出发，指出共产主义虽然不是当前沙龙中讨论的重要问题却不能将它当作不重要的问题。在英法等国，共产主义是一个极端严肃的问题。甚至奥格斯堡《总汇报》本身就曾发表过提及共产主义的文章，就凭这一点，就说明共产主义已经在欧洲具有重要意义了。马克思坚信共产主义思想本身的重要性，从此开始了对共产主义的研究，他在长期持续的、深入的研究中论证，"我们坚信，构成真正危险的并不是共产主义思想的实际试验，而是它的理论阐述；要知道，如果实际试验大量地进行，那么，它一旦成为危险的东西，就会得到大炮的回答"。② 这为马克思创立科学社会主义奠定了最初的基础。

在《第六届莱茵省议会的辩论》第三篇论文中关于林木盗窃法的辩论和《摩塞尔记者的辩护》两篇论文中，马克思旗帜鲜明地捍卫贫苦人民的物质利益，猛烈抨击普鲁士的国家和法律制度。他谴责普鲁士立法机关偏袒林木所有者的利益，剥夺贫民捡拾枯枝等大自然赋予农民的正当权利。他公开地为"政治上、社会上备受压迫的贫苦群众"进行辩护，认为林木盗窃法是"下流的唯物主义，违反各族人民和人类

---

① 中共中央马克思恩格斯列宁斯大林著作编译局：《马克思恩格斯全集》第 1 卷，人民出版社，1956，第 121 页。

② 中共中央马克思恩格斯列宁斯大林著作编译局：《马克思恩格斯全集》第 1 卷，人民出版社，1956，第 134 页。

神圣精神的罪恶"。① 经过这场论战，马克思清醒地意识到，普鲁士政府并不是黑格尔所描绘的"理想国家"，它只代表私有者的利益，所谓的法律只不过是私有者维护自己利益的工具。他在《摩塞尔记者的辩护》中不再单纯指责私人利益，而是对政府进行剖析和批判，"政府可以承认葡萄种植者的贫困状况，但是它并没有打算消除这种状况"②。这一时期的马克思开始对法律和政府都感到失望，对黑格尔的理论也产生了怀疑。马克思撰写这两篇分析劳动群众在物质上的窘迫的论文，对于他的观点形成具有重大的意义。

二、马克思《莱茵报》时期思想转变的原因

马克思政治立场和世界观之间的矛盾，致使他在用理性批判宗教和封建制度时是软弱无力的，这一矛盾的尖锐化，为他思想的发展和转变开辟了可能性。这一时期的马克思在思想上逐渐与青年黑格尔派产生间隙，他在发表的一系列的政论文章中，已经超越了青年黑格尔派的宗教批判立场，转向政治批判，并提出了一系列政治斗争的主张和原则。与青年黑格尔派仍停留在纯思辨的理论批判上不同，马克思一开始就以一个革命民主主义者的战斗姿态，将哲学斗争与现实斗争相结合，把矛头指向普鲁士的专制政府。在《评普鲁士最近的书报检查令》一文中，他揭露了普鲁士政府封建统治的虚伪性。他认为普鲁士政府只是表面上不赞成对作家的写作活动加以"不适当的限制"，似乎颁布的书报检查制度也赋予了新闻出版在法律上的自由，实则却是控制人民的言论自由，扼杀人类的精神自由。为此，马克思在揭穿普鲁士政府的伪善之后

---

① 中共中央马克思恩格斯列宁斯大林著作编译局：《马克思恩格斯全集》第 1 卷，人民出版社，1956，第 180 页。
② 中共中央马克思恩格斯列宁斯大林著作编译局：《马克思恩格斯全集》第 1 卷，人民出版社，1956，第 222 页。

指出普鲁士封建专制"这一痼疾隐藏在我们的一切制度之中"。① 他强调精神自由，崇拜理性和精神的唯理论，就世界观来说，仍然是黑格尔的唯心主义。《关于新闻出版自由和公布省等级会议辩论情况的辩论》一文虽然主题也是出版自由，从精神自由出发考察出版自由，马克思的观点也依然是唯心的，但已经出现某些唯物主义的萌芽。他把进行辩论的人看作特定的等级，孕育着阶级斗争的历史观萌芽。马克思对等级制议会的批判，实际上也是对普鲁士国家的批判。"这是在国家问题上，马克思突破黑格尔唯心主义局限的最早迹象。"② 与此同时，马克思还同《科伦日报》等反动报纸进行了斗争，批判了《科伦日报》的编辑海尔梅斯等人，批判了以往的全部哲学，特别指出德国的唯心主义哲学是与实际相分离的。在马克思看来，"任何哲学都是自己时代精神的精华"，"哲学是自己的时代、自己的人民的产物"。③ 马克思认为以往的哲学脱离现实，纯思辨是不符合哲学的本质的，哲学的真正本质在于与现实相互作用，哲学必须投身到现实中去。他虽然把哲学看成是世界发展的动力，企图用哲学来改造世界，强调世界是合乎理性的，仍带有唯心主义色彩，不过重要的是，马克思提出哲学对人民的依赖性，强调哲学不能脱离时代和人民，也暗含了一定的历史唯物主义观点。

　　促使马克思由唯心主义转向唯物主义最根本的应该是马克思触及了物质利益在社会生活中的作用，最典型的代表就是马克思对林木盗窃问题和在《摩塞尔记者的辩护》中对不合理的法律的批判。犹如前面所说，马克思在《莱茵报》时期仍持黑格尔的理性主义国家观，把国家当作正义和理性的代表。但是普鲁士国家出现的一系列社会现实问题，

---

① 中共中央马克思恩格斯列宁斯大林著作编译局：《马克思恩格斯全集》第 1 卷，人民出版社，1956，第 30 页。
② 陈先达、靳辉明：《马克思早期思想研究》，中国人民大学出版社，2016，第 43 页。
③ 中共中央马克思恩格斯列宁斯大林著作编译局：《马克思恩格斯全集》第 1 卷，人民出版社，1956，第 120 页。

使马克思发现国家和法并不是理性和正义的代表，国家代表的根本就不是全社会的共同利益，而是普鲁士政府和资产阶级的利益。普鲁士当局为了自己的利益，连下层人民维持生命所需的生活资料和最基本的生存权利也要剥夺。轻视物质利益、重视理性是青年黑格尔派的共同特点，但在接触到现实和直接的利益时，马克思发现青年黑格尔派所认可的理性同客观现实有了冲突。在私人利益和国家还有法的关系上，马克思也产生了困惑，在后期的研究中，他对之前信仰的黑格尔的理性国家观进行了批判。

马克思十分重视《莱茵报》的历史作用，但普鲁士政府将报纸查封，侵犯了最起码的出版自由，现实的黑暗使马克思抛弃了对普鲁士政府的幻想。种种因素使马克思在《黑格尔法哲学批判》中把解放人民的希望转向人民自身。他对原有哲学的信仰发生动摇，经过摸索和充满矛盾的过程，他开始转向唯物主义和共产主义。

三、《莱茵报》时期马克思政论思想的重要价值

《莱茵报》政论文章是马克思开始关注现实的人的社会问题和政治问题的一个起点，也是他研究方向发生转变的过渡时期。由于《莱茵报》报纸的特点，马克思也就处于斗争漩涡的中心，因此他有机会、有条件接触当时社会中的一些重大现实问题，有机会就这些问题发表评论。这一时期的马克思的思想是复杂且矛盾的。他在国家本质问题上仍推崇黑格尔的唯心主义国家观。当马克思运用黑格尔主义去批判和解决现实问题时，他发现黑格尔思想同现实之间有着不可调和的矛盾和局限性。在对普鲁士政府进行批判时，他运用理性国家观去评析现实的国家与官僚制度，认为国家应是合乎理性的。但他逐渐发现黑格尔的国家观更像是描绘中的一个美好的理想社会，而现实中的国家和政府的黑暗腐败远远不符合国家的概念。在接触到客观物质利益方面的问题时，他认识到仅局限于法律层面去为贫苦农民辩护，纯思辨的分析是难以说通

的，他也看到了物质利益能控制国家与法律的巨大作用，这为后来他转向经济关系的研究确定了一个方向。

马克思在《莱茵报》上批判了现有形式的共产主义理论，他不承认"现有形式的共产主义思想具有理论上的现实性"。① 这一时期的马克思开始接触共产主义思潮，他所理解的"共产主义"和现有形式的"共产主义思潮"的差别还没有明显地体现出来，但他此时的原则和态度是极为重要的。这说明马克思从一开始就转向了与空想社会主义不同的道路，他也表现出对共产主义思想的重视，这为他后期对共产主义进行深入的研究打下了基础。

《莱茵报》时期马克思的政论文章表明，马克思的思想经历了从不成熟到成熟的发展过程。尽管有很多不成熟的地方，但我们不能忽视这些政论文章中闪闪发光的观点。譬如在《莱茵报》中体现出的马克思的新闻观，作为马克思主义的重要组成部分，在新时代依然散发着真理的光辉，具有深远的历史意义和强大的现实指导作用。正是在《莱茵报》时期的这段经历，使马克思对黑格尔哲学体系产生了怀疑，开始转向黑格尔法哲学、国家和市民关系、政治和经济关系等方面的研究，这一研究的探索和结果就是《黑格尔法哲学批判》，这成为马克思完成从唯心主义向唯物主义、革命民主主义向共产主义转变的标志之一。

（本文获北京体育大学马克思主义学院 2019 年度"拥抱经典每日打卡读书活动"优秀论文一等奖）

---

① 中共中央马克思恩格斯列宁斯大林著作编译局：《马克思恩格斯全集》第 1 卷，人民出版社，1956，第 133 页。

《法的历史学派的哲学宣言》读书报告

王启煜①

摘要：《法的历史学派的哲学宣言》一文是由伟大的无产阶级革命导师卡尔·马克思在 1842 年 4 月到 8 月初创作完成的，并于 1842 年 8 月 9 日刊登在《莱茵报》第 221 号的附页上。《法的历史学派的哲学宣言》主要是马克思对历史法学派进行批判，他在此文中深入剖析了历史法学派创始人胡果以及代表人物萨维尼所提出的一系列哲学观点和思想方法，批判了他们思想的错误性。马克思对历史法学派的批判，提出了他"实证科学"的观点，并且挑战克服虚无主义，有着唯物主义史观的特性，对于之后哲学的研究有着深远的意义和影响。

关键词：《法的历史学派的哲学宣言》；历史法学派；"实证科学"；虚无主义

一、马克思对历史法学派的批判

历史法学派是法哲学流派中的一个分支，在 19 世纪中期几乎占据了整个法哲学流派的主流地位。历史法学派的地位高、门徒多、影响广，深深掌控着德意志民众的法律心灵，在整个法哲学学术界也同样是一股位高权重的势力。被誉为"历史法学派创始人"的胡果是最早将

---

① 作者系马克思主义学院 2018 级本科生。

历史性的实用主义批判引入法学领域的哲学家，他反对纯理论的自然法学和法典化的自然法思想，其主要法哲学思想都收录于他的代表作《将自然法学作为一种实证法哲学的教科书》之中。而胡果的学生萨维尼更是历史法学派的核心人物，是历史法学派思想的集大成者，卡尔·马克思就曾在柏林大学向萨维尼求学罗马法。也就是在此期间，马克思阅读了大量的法学书籍，对法学的学习通过哲学进行思考，开始将法学和哲学这两门课结合在一起，并逐渐有了自己的想法。

对于一个学说的批判往往都是从熟悉这个学说的基础理论开始的。也正是基于对历史法学派的学说基础的逐渐了解，马克思开始对历史法学派的各种学说理论进行反思，进而提出自己的批判，创作了这篇《法的历史学派的哲学宣言》。

在文章的开始，马克思先从普遍的学术界观点出发，讲述了现在普遍庸俗的观点认为历史法学派是对 18 世纪的轻佻精神的一种反动，但是马克思却一反大众的观点而为之，提出"18 世纪仅仅产生了一种东西，它的主要特征是轻佻，而这种唯一的轻佻的东西就是历史学派"。[1]对于历史法学派的"轻佻"行为，马克思也主要是从三个方面进行阐述。

第一，历史法学派提倡法的复古主义，他们把研究起源变成了自己的口号，不仅没有去反思和批判现有的存在着漏洞的社会制度，反而研究过去，将研究推向人类的动物状态，认为自然状态是人类本性的真正的状态，包括在实际生活中的自由、婚姻等法律。胡果甚至做出推断：人在法律上的唯一特征就是他的动物本性。[2] 而一味地去研究以前社会生活的人类特性和法律制度显然忽略了时代变迁所带来的社会变革，弄

---

[1]　中共中央马克思恩格斯列宁斯大林著作编译局：《马克思恩格斯全集》第 1 卷，人民出版社，1956，第 97 页。

[2]　中共中央马克思恩格斯列宁斯大林著作编译局：《马克思恩格斯全集》第 1 卷，人民出版社，1956，第 97 页。

丢了现存的法律制度，不仅无法使社会进步，还会使人民丧失批判精神。

第二，历史法学派的哲学理论基础是怀疑论，学派创始人胡果对于一切理性的事物都持有怀疑态度，就像马克思评价所说，"他根本不想证明实证的事物是合乎理性的；相反地，他却力图证明实证的事物是不合乎理性的"。① 这种理论显然是违背理性的，于是马克思举出一系列事例来反驳历史法学派的这种研究原则。

第三，历史法学派过于将对起源的研究推向极端，从而开始怀疑理性，也就怀疑现实中的各种制度。因此在马克思看来，历史法学派并不代表着先进的法律制度变革学派，反而他们却更像是在维护以习惯法为主要内容的旧社会法律制度。历史法学派虽然在学术上有着优于其他学派的理论体系，但是对于德国人民的法律批判精神有着阻碍作用。

随后在导言中，马克思在胡果和萨维尼之前所发表过的文章中选取段落，分别从自由、婚姻、教育、立法等方面批判了胡果的错误思想理论。对于婚姻，胡果依旧将"动物的本性"加于人的身上，认为婚姻是一种满足人的性欲的行为，而萨维尼所起草的《婚姻法草案》也没有起到完全改革之前不完善的法律的效果。马克思认真阅读了他们的观点，将对他们的批判从婚姻法上升到了对整个历史法学派的批判，认为他们过于保守主义，依旧停滞于旧的法律体系之中，没有向前创新性的批判思维，这导致了当时德国社会中存在的不合理的婚姻制度不能得到改革。在立法方面，萨维尼曾在1814年发表的《论立法与法学的当代使命》中阐述了自己对于立法问题的见解，马克思在认真研究之后，同样对他"立法审慎"的观点提出了批判。马克思认为立法作为一件影响全体人民的公共政治事件，并不需要过多的浪漫主义和理想主义情

---

① 中共中央马克思恩格斯列宁斯大林著作编译局：《马克思恩格斯全集》第1卷，人民出版社，1956，第99页。

怀，立法者只要将既定事实加以确认，使之合乎生活理性，并将其颁布便可成为一条法律，由此可见立法也能够成为一项简单且正义的工作，而且立法者也完全有能力对过往封建的法律制度进行改革、创新，推动法治社会的进步。

二、马克思的"实证"科学立场

马克思在批判历史法学派的错误观点中提到他们的学说理论基础——怀疑论是非理性的，胡果不想证明实证的事物是合乎理性的，却力图证明实证的事物是不合乎理性的。在这里，马克思提出了"实证"这一概念。理解"实证科学"能够让人更加清楚地认清现实，探索思维的真理，那么马克思所说的"实证"是什么，马克思的"实证科学"概念有着怎样的发展过程呢？

马克思最早在其1841年所写的博士论文中就提到了"实证"这一概念，不过当时人们对"实证"的理解还仅停留在"实证哲学"上，是一种对宗教神学的解释，认为"实证"就是"神的指示"，企图将"实证"与宗教挂钩，从而反对理性认识，但对于这种观点马克思保持着否定态度。本篇《法的历史学派的哲学宣言》是马克思第二次提到"实证"概念，他在文中批判历史法学派代表人物胡果认为"实证"的事物是反对理性的这一观点，重点强调了"实证"应当是理性的。从马克思对理性意义的肯定可以看出，由于受到黑格尔主义中辩证思维的影响，他对"实证"的理解已经不同于一年前认为的神创物，此时他理解的"实证"应该接近于"事实存在的"，是一种理性外化的结果，强调"实证"对于实际生活的重要性。

费尔巴哈对于黑格尔主义的批判标志着德国古典唯心主义在哲学界的思想统治告一段落，而马克思也及时吸收费尔巴哈的唯物主义思想，用唯物主义史观的眼光去重新审视"实证"概念。于是在《1844年经济学哲学手稿》中，马克思将"实证"概念引申到从经验事实出发去研究问题。此外，他在当时十分推崇费尔巴哈的理论，也支持费尔巴哈对国民经济学的批判，认为是费尔巴哈创立了"真正的实在的科学"，"对国民经济学的批判，以及整个实证的批判，全靠费尔巴哈的发现给它打下这真正的基础。从费尔巴哈起才开始了实证的人道主义和自然主义的批判"。① 这个时期马克思受费尔巴哈哲学观点影响深刻，强调研究问题的实证立场，可是依旧没有从历史运动的客观事实出发研究社会哲学问题。

但是随着马克思研究的深入，他也开始对费尔巴哈的思想观点进行批判。马克思于1845年写下《关于费尔巴哈的提纲》一文，批判了费尔巴哈研究问题从抽象意识出发而不从实际出发的研究方法，谈道："费尔巴哈没有对这种现实的本质进行批判，因此他不得不……因此，本质只能被理解为'类'，理解为一种内在的、无声的、把许多个人自然地联系起来的普遍性。"② 同时在《德意志意识形态》中马克思再一次强调了从社会生活本身出发去研究问题的立场，表明了探求"实证"的重要性，这篇文章也标志着马克思主义唯物史观的形成。

本篇《法的历史学派的哲学宣言》是马克思对"实证"探索的开头，为他之后的"实证"科学立场奠定了坚实的基础。马克思的"实证"科学立场体现了他研究一切问题的根本立场，为后人提供了一切从实际出发的科学研究方法和实事求是的科学研究态度，影响深远。

三、马克思对虚无主义的挑战

《法的历史学派的哲学宣言》是马克思对于历史法学派的学说观点的批判，其中历史法学派就存在着否认"实证事物是合乎理性"的虚无主义错误，马克思对这一观点的批判，同时也是对于流行于当时哲学

① 马克思：《1844年经济学哲学手稿》，人民出版社，2000，第4页。
② 中共中央马克思恩格斯列宁斯大林著作编译局：《马克思恩格斯全集》第1卷，人民出版社，1956，第56页。

学术界的虚无主义思潮的挑战。

　　虚无主义是指人们对于一些甚至一切事物的存在持怀疑以及否定态度。一般对于虚无主义的划分主要有两大类，即理论的虚无主义和实践的虚无主义。理论的虚无主义是对实证真理性的否认，而实践的虚无主义则是对行为价值和意义的否定。历史法学派所主张的虚无主义在前期更多偏向为理论上的虚无主义，后来则转向为实践的虚无。

　　马克思在对虚无主义进行挑战与批判之时，首先坚定了他自身唯物主义史观的立场，抛弃了旧的形而上学的观念，从客观物质出发探索、了解世界与人的关系，这也是他能够克服虚无主义的重要理论前提。其次，马克思对于虚无主义的批判还有一个重要的理论基础，那就是他着眼于经验世界，没有将世界二元划分，而是将人、自然与社会看成一个统一整体，认为三者是人类物质实践生活中不可分割的三大部分。同时也正是抽象的形而上学思维导致了人、自然与社会这三部分的分裂，从而诞生出了虚无主义。

　　在本篇文章中，马克思指出了历史法学派的几个认知上的错误，其中他认为历史法学派没有从现存的法律制度出发探索现有社会法律制度上存在的不足，反而只从起源上去研究法律，提倡法的复古主义，这便是历史法学派对于改变现有法律不足现状的实践价值的否定，这种虚无主义无法提升公民的政治素养，也无法改革德国法律。

　　同时马克思又指出胡果是典型的怀疑主义的代表，他曲解康德的思想观点，认为我们不能认识真实存在的事物，实证事物都是不合乎理性的，这是历史法学派在理论方面明显的虚无主义。马克思在文章中当即就对胡果这种不切合实际的言论做出了反驳，认为忽略理性的必然性是历史法学派一种与现实矛盾的研究方法，而这种方法显然会是错误的。且马克思认为理性是衡量实证事物的标准，而实证事物并不能成为标尺去左右理性。胡果的观念不仅没有正确认识事实，还不具有批判性，他主张无差别地对待存在的事物，他认为一切实在事物都是一种权威，而权威都是可以等同的。马克思同样反对胡果的这一对于差别虚无的言论，他在本篇文章中举了各民族间的例子，其目的就在于让思想家们正视实际存在的差别，任何地方的事物实际都是不同的，需要具体问题具体分析，不能仅仅局限在一个区域内。

本篇《法的历史学派的哲学宣言》可以看作是马克思对虚无主义最早期的挑战。马克思对于虚无主义的批判极大程度上影响了他后期的哲学探究以及未来的哲学家的思考与探究。一切从实际出发，具体问题具体分析，都是马克思主义的研究方法，这也是探求世界真理性的根本方法。

参考文献：

[1] 中共中央马克思恩格斯列宁斯大林著作编译局. 马克思恩格斯全集：第1卷 [M]. 北京：人民出版社，1956.

[2] 马克思.1844年经济学哲学手稿 [M]. 北京：人民出版社，2000.

（本文获北京体育大学马克思主义学院2019年度"拥抱经典每日打卡读书活动"优秀论文一等奖）

读列宁《怎么办?》有感

李轹蔚①

摘要：列宁是俄国著名的马克思主义者、无产阶级革命家，同时也是布尔什维克党的创始人、十月革命的主要领导人。在俄国国内经济矛盾和民族矛盾十分尖锐，工农革命运动风起云涌之时，列宁为反驳伯恩施坦和机会主义等错误思想，写下了《怎么办?（我们运动中的迫切问题）》。通过分析其写作背景和文章内容，来理解列宁想要表达的中心思想并获得启发。

关键词：机会主义；经济派；理论斗争

列宁于 1902 年 2 月写成的《怎么办?（我们运动中的迫切问题）》是论述建设新型无产阶级政党的重要文献。当时为战胜修正主义、机会主义等非马克思主义思想的冲击，列宁在《怎么办?》一书中，着重批判了轻视理论、轻视政治斗争的经济主义思想，提出了"没有革命的理论，就不会有革命的运动"的著名论断以及其他一些深邃思想。《怎么办?》主要是探讨加强党的思想建设问题。在恩格斯逝世后，德国社会民主党人伯恩施坦公然提出对马克思主义的全面"修正"，也就是伯恩施坦主义。伯恩施坦主义即修正主义和机会主义，都披着社会主义的

---

① 作者系马克思主义学院 2018 级本科生。

外皮，为资产阶级谋利。在这种背景下列宁写下《怎么办?》，是捍卫马克思主义的产物。

一、写作背景

19世纪末20世纪初，俄国国内经济矛盾和民族矛盾十分尖锐，俄国面临着资产阶级民主革命的任务，工人阶级迫切需要建立一个能够独立领导革命运动的无产阶级政党。俄国社会民主党第一次代表大会召开，宣告了俄国社会民主党的成立。但是党并没有真正建立起来。一大以后，俄国社会民主党的各个地方机关、地方委员会、团体、小组仍然没有统一的领导，处于思想混乱、政治动摇、组织涣散的状态。俄国的马克思主义者仍然面临着建立统一的无产阶级革命政党的任务。恩格斯逝世以后，伯恩斯坦借口时代的变化，攻击马克思主义是"过时""僵化"的教条，全面篡改、修正马克思主义，提出要把无产阶级革命的党改造成修正主义的"改良"党。伯恩斯坦修正主义的出现，对各国工人运动产生了很大的影响。同背弃马克思主义的修正主义思潮作斗争，成为国际工人运动中各国工人党内马克思主义者的共同任务。伯恩斯坦修正主义在俄国的变种就是经济派。俄国社会民主党一大以后，经济派在党内占据优势，他们在党内鼓吹伯恩斯坦修正主义的观点，从理论上为党内的组织涣散、思想混乱作辩护，否定建立统一的工人阶级政党的必要性。列宁认为，为了建立一个统一的革命政党，必须同经济派进行论战并划清界限。于是在1898年一大以后至1903年党的二大召开之前，写下了《怎么办?（我们运动中的迫切问题）》一书。

二、文章简析

在书的一开头，列宁就揭穿了修正主义者所谓"批评自由"口号的反动实质。"批评自由"是国际修正主义惯用的反对马克思主义的手法和口号。修正主义的领导者伯恩施坦就是在这种口号下，展开了对马克思主义的猖狂攻击。列宁指出，伯恩施坦主义者尽管高呼要发展马克思恩格斯的学说，但他们并没有也不可能把马克思主义向前推进一步，也没教导无产阶级任何新的斗争方法。修正主义者只是抓住一些零零碎碎的反动的落后的理论来愚弄无产阶级。修正主义者所散布的"批评自由"，无非是企图用资产阶级观点来篡改马克思主义。修正主义者对马克思主义的恶意"批评"，是与他们由社会主义运动转向资产阶级改良主义运动相辅相成的，并且归根结底是为其改良主义路线服务的。"打的是社会主义的旗子，走的是帝国主义的路子，他们一般都依然打着马克思主义或种种社会主义的旗号，但却以实用主义的方法阉割其革命的灵魂。他们口头上挂着人民群众，实质上却代表着阶级的利益。他们共同的手法是欺骗。因为他们深深懂得在社会主义国家内以反社会主义的面貌出现，是不得人心的，是无法得逞的。因此，他们往往以改革社会主义社会的弊端为名，干的却是改变社会主义制度之实。他们有时甚至只做不说，或者做成再说。①"这是魏巍同志根据对苏联等国复辟资本主义的观察，总结出的现代修正主义具有的特征。列宁认为，马克思主义者反对修正主义的"批评"，坚持马克思主义的基本原理绝不是"教条主义"。恰恰相反，一切真正的马克思主义从来都以理论和实践相结合为原则。

列宁批判了经济派的自发论，阐明了革命理论对于工人运动和党的建设的重大意义。没有革命的理论，就不会有革命的运动。他指出经济派的错误是全面的、系统的，它在思想上、政治上、策略上以及组织上都篡改了马克思主义的基本原理，以致列宁认为仅用"经济主义"一语并不能概括经济派的全部内容。列宁强调经济派的根本错误就在于不了解革命理论、觉悟性的重大意义。历史已经表明，科学社会主义不可能产生于自发的工人运动之中，它只有在深刻的科学基础之上才能被创

---

① 魏巍：在新世纪的门槛上，《当代思潮》2000 年第 1 期。

造出来。在资本主义条件下，由于无产阶级所处的地位使他们没有时间和精力从事这种创造。列宁明确指出："各国的历史都证明：工人阶级单靠自己本身的力量，只能形成工联主义的意识，即必须结成工会、必须同厂主斗争、必须向政府争取颁布工人所必要的某些法律等等的信念。而社会主义学说则是由有产阶级的有教养的人即知识分子创造的哲学、历史和经济的理论中成长起来的，现代科学社会主义的创始人是马克思和恩格斯本人。按他们的社会地位来说，也是资产阶级的知识分子。"①

社会民主党是工人运动自发过程的自觉表现者，是工人运动中的觉悟成分。揭露经济派为"最坏的伯恩斯坦主义"辩护，指出修正主义成为一种国际性的现象，在俄国即是"合法的马克思主义"——资产阶级自由主义知识分子与"不合法的经济派"一起攻击马克思主义，他们借口"批评自由"的实质，是在思想上腐蚀工人的社会主义意识，在实践上把工人运动变成资产阶级自由派的尾巴，而丧失工人运动的革命性和独立性。这就要求社会民主党不能像经济派那样，只满足于尾巴主义者的地位，而应不断提高自己的觉悟性，真正起到先锋队的作用。因此，列宁一再教导革命政党必须对理论工作给予足够的重视。而且，也特别强调将理论运用于实践，即与工人运动相结合的必要，并具体提出了如何结合的一些方法。马克思表示，应该用先进的理论思想指导实践："没有革命的理论就没有革命的运动，理论一经掌握群众，也会变成物质力量。理论只要说服人，就能掌握群众；而理论只要彻底，就能说服人。"② 无产阶级政党的使命就是要领导工人阶级展开经济斗争和政治斗争，摆脱资产阶级的剥削和压迫。因而，作为革命运动的组织者和领导者的政党首先必须有科学的理论作指导。在党内一些人醉心于最

---

① 列宁：《怎么办？》，三联出版社，2016，第 76 页。
② 马克思：《〈黑格尔法哲学批判〉导言》，人民出版社，2014，第 480 页。

狭隘的实际活动的偏向同机会主义的时髦宣传密切融合的情况下，必须始终坚持这一思想。

理论斗争是无产阶级革命党人始终走在工人阶级解放运动前列的根本保证。列宁首先指出，恩格斯认为社会民主运动的伟大斗争并不是有两种形式（政治的和经济的），而是有三种形式：与这两种形式并列的还有理论斗争。恩格斯在《英国工人阶级状况》序言中指出，德国工人阶级之所以走在欧洲各国工人运动的前列，就在于他们有两大优点：一是德国整个民族所具有的理论修养，使得德国工人阶级具有深厚的理论感，使得德国工人运动没有发生欧洲其他国家工人运动中的那些缓慢、混乱和动摇；二是德国工人阶级尽管参加工人运动较其他国家工人阶级晚，但由于他们有科学理论的指导，就能很好地利用英国、法国等国家工人运动的经验，而避免重犯英、法工人阶级在当时无法避免的那些错误。以上两个优点使德国无产阶级革命运动发展迅速。自有工人运动以来，德国工人阶级斗争是第一次在理论、政治、经济三个方面展开并相互配合，相互联系，有计划地进行着。德国工人运动之所以强大有力和不可战胜，也正是由于这种对资本主义"向心的攻击"。恩格斯进一步指出，德国工人阶级能否继续走在工人运动的前列，取决于党的领袖能否透彻地理解种种理论问题，并认真地研究理论，把革命理论传播到工人阶级中去，用理论武装工人群众。列宁在引述、分析了恩格斯的论述后明确指出，俄国无产阶级将要遇到更严重无比的考验，所肩负的革命任务使俄国无产阶级成为国际革命无产阶级的先锋队。只要俄国社会民主党人重视革命理论的指导，俄国党人也会走在革命前列而享有光荣的称号。

共产党是无产阶级的政治领袖，共产党必须把工人阶级的斗争上升为社会民主主义的政治。列宁指出，经济斗争还只是属于工人的自发性斗争，这种自发具有两种可能的发展趋势：一种趋势是在社会民主党的正确领导下，在马克思主义革命理论的指导下，可能成为社会民主主义政治的开端和组成部分，能够把工联主义的政治转变为社会主义的政治；另一种趋势是，如果不恰当地夸大经济斗争的意义，并把它当作唯一的任务，反对政治斗争，就必然走上工联主义的道路。而工人阶级的工联主义政治也就是工人阶级的资产阶级政治。列宁指出了社会民主主义政治和工联主义政治的根本区别：社会民主主义的政治是主张革命斗争，为实现无产阶级专政和社会主义而斗争的政治；工联主义的政治，则是出卖工人阶级的根本利益，是抛弃无产阶级革命和无产阶级专政，主张同资产阶级妥协的政治。列宁强调，我们应当既以理论家的身份，又以宣传员的身份，又以鼓动员的身份，又以组织者的身份到居民的一切阶级中去。我们应当负责组织这种在我们党的领导下进行的全面的政治斗争，使所有一切反政府阶层都能够尽力帮助并且确实尽力帮助这个斗争和这个党。我们应当把社会民主党的实际工作者培养成为这样的政治领袖，他们善于领导这种全面斗争的一切表现。列宁强调，党要成为先锋队而不是后卫队。

三、启发

《怎么办？》一书是一部加强党的思想建设和反对机会主义的重要著作，它奠定了列宁建立新型无产阶级政党的坚实思想基础，同时这部著作在列宁的建党学说中也占有重要的地位。列宁面对非马克思主义思想的侵蚀，对当时的国际和国内的机会主义思潮进行了有理有据的斗争和批判，指导了当时的无产阶级革命斗争，为俄国的"十月革命"摧毁沙皇的专制制度，奠定了理论基础，促进了社会主义运动的发展。对于现在的社会主义国家来说，马克思主义是我们立党立国的根本，坚持马克思主义的指导地位，是党和人民团结一致、始终沿着正确方向前进的根本思想保证，也是推动马克思主义大众化的根本保障。马克思主义只有同本国国情和时代特征紧密结合才能更好地发挥作用，为此要自觉地把思想认识从对马克思主义的错误的和教条式的理解中解放出来，加强党的思想建设，用正确的理论武装党，决不能把马克思主义当作一成不变的教条。

（本文获北京体育大学马克思主义学院 2019 年度"拥抱经典每日打卡读书活动"优秀论文二等奖）

《矛盾论》读后感

刘永芳①

摘要：《矛盾论》是毛泽东继《实践论》之后的又一经典哲学著作，是对马克思主义哲学的继承和发展，这种继承和发展是基于新生的中国具体国情出发的。这对我国走进社会主义新时代以及后续的发展，起着重要的作用。同时，又为我们青年正确认识和处理事物之间的矛盾提供了有力的理论指导。

关键词：《矛盾论》；矛盾的普遍性；唯物辩证法

1937 年毛泽东写完《实践论》，紧接着发现党内存在严重的教条主义，于是从辩证法和认识论两个角度对中国革命进行了总结，于是就产生了《矛盾论》。这两部著作是体现毛泽东思想的重要作品。

这篇文章主要论述了两种宇宙观、矛盾的普遍性和特殊性、主次矛盾的辩证关系及其方法论意义、矛盾的同一性与斗争性以及对抗在矛盾中的地位。

文中论述的两种宇宙观分别是形而上学的宇宙观和唯物辩证法的宇宙观。形而上学在解释事情的发展演变时，经常用孤立的、片面的和静止的观点去看待世界，看不到事物之间或者内部包含的矛盾。在宇宙观

---

① 作者系马克思主义学院 2018 级本科生。

的诠释上，形而上学就否定了事物之间会运动变化。形而上学有时就算承认了事物的变化，但形而上学家们却认为事物间的变化是由于数量增减，场所变更。毛泽东批判形而上学的宇宙观："而这种增减和变更的原因，不在事物的内部而在事物的外部，即由于外力推动。形而上学家认为，世界上各种不同事物和事物的特性，从他们一开始存在的时候就是如此。后来的变化，不过是数量上的扩大或缩小。一种事物永远只能反复地产生为同样的事物，而不能变化为另一种不同的事物。"① 这样对形而上学宇宙观的批判，是对唯物辩证法宇宙观的肯定。"唯物辩证法认为外因是变化的条件，内因是变化的依据，外因通过内因而起作用。"② 在宇宙观上，毛泽东肯定唯物辩证法的观点，否定了形而上学的宇宙观。毛泽东还指出，"辩证法的宇宙观，主要地就是教导人们去善于发现和分析各种事物的矛盾运动，并根据这种分析，指出解决矛盾的方法"。③ 这句话体现出的，是毛泽东提出的马克思主义哲学的一个极其重要原则——宇宙观和方法论的一致性。

　　矛盾的普遍性，个人理解是矛盾普遍存在于事物的整个发展过程中，同时也存在于自然界、社会中。无论是客观现象，还是思想现象，都存在着矛盾。矛盾的特殊性是"矛盾着的事物及其每一个侧面各有其特点"。④ 矛盾的特殊性和普遍便是个性与共性的关系，二者相互区别，在某种情况下还相互转化。就是因为事物的矛盾具有普遍性和特殊性，因此给我们提供的方法论的指导上要求我们实事求是。"离开具体的分析，就不能认识任何矛盾的特性。"⑤ 矛盾的普遍性，在我们生活里就有很多例子。我那个年代在高中面对的一个普遍矛盾就是选文还是

① 毛泽东：《毛泽东选集》第 1 卷，人民出版社，1944，第 301—302 页。
② 同上书，第 301 页。
③ 同上。
④ 毛泽东：《毛泽东选集》第 1 卷，人民出版社，1944，第 336 页。
⑤ 同上。

选理的问题。而在这些普遍的矛盾里，对于个体来说，又具有特殊性。高一时期，我的文科成绩比理科成绩高 50 多分。文科成绩排名可以在年级前 50，可是理科成绩排名却是年级前 300。这么大的差距，在当时的情况来看，选文科是最正确的选择。可那时的矛盾是文科中我只中意地理，而对理科中的化学和生物有着极大的兴趣，却对物理有一种畏惧。分析了这两者之间的矛盾，带着家长和老师的怀疑，最终我还是选择站在了兴趣这一边。既然选择了，就要勇敢往前走，建立起对物理的兴趣，哪怕一点点也行。在那么久与物理斗争的日夜里，我都没有放弃，还好最后结果不负自己的努力。这里矛盾的特殊性便是一方面对化学、生物的热忱，另一方面是对物理的畏惧。在这个情景里，最终是在具体分析自己的个人兴趣之后做出决定。

对于主要矛盾和次要矛盾，"在复杂的事物发展过程中，有许多的矛盾存在，其中必有一种是主要的矛盾，由于它的存在和发展规定或影响着其他矛盾的存在和发展"，[①] 这是毛泽东对事物众多矛盾里的主要矛盾的解释。这个主要矛盾"起着领导的、决定的作用，其他则处于次要和服从地位"。[②] 这里就很清楚，主要矛盾在众多矛盾里起引领作用，其他众多矛盾由主要矛盾来支配。但是"矛盾着的两方面中，必有一方面是主要的，其他方面是次要的。其主要的方面，即所谓矛盾起主导作用的方面。事物的性质，主要地是由取得支配地位的矛盾的主要方面所决定的"。[③] 由此可见，对于主次矛盾，他们在一定的条件下会发生转化，因此就要求我们用辩证的眼光看待问题，做到具体情况具体分析，发挥主要矛盾的引导作用。主次矛盾之间是辩证统一的，正确认识并处理主次矛盾就显得尤其重要。

在我们的大学生涯里，就存在许多矛盾。有恋爱与学业的矛盾、专

---

① 毛泽东：《毛泽东选集》第 1 卷，人民出版社，1994，第 322 页。
② 同上。
③ 同上。

业课与公共课的矛盾、工作与考研的矛盾。其中的恋爱与学业的矛盾在此阐述一下。恋爱是大学生公开的秘密，也是大学生活里最通俗的话题。恋爱与学习既可以看作一个矛盾的两个对立面，也可以看作两个独立的矛盾。对于恋爱中的同学来说，恋爱和学习都是日常生活的两个基本要素。二者既有对立性，又有同一性。恋爱和学习都要占用一定的时间和精力，二者此消彼长，这是对立性。但是，如果二者关系处理得当，对感情的追求可以转化为学习的动力，学习上的共同进步又可以增进彼此的感情。传统观念里，恋爱一定会影响学习，这是典型的形而上学片面论，只看到矛盾的对立面，否认了矛盾的同一面，这是思想僵化的表现。对于所有的大学生来说，恋爱和学习是两个独立的矛盾，是我们人生中必须面对的两件大事。矛盾有主要矛盾和次要矛盾之分，在处理问题办事情时，应当先抓主要矛盾，后抓次要矛盾，避免眉毛胡子一起抓。对于大学生来说，在这个阶段，我认为学习是主要矛盾，恋爱是次要矛盾。在二者不能兼顾的情况下，应当减少恋爱，集中精力搞学习，即抓住主要矛盾。在不同的条件下，主要矛盾和次要矛盾是可以互相转化的。等到毕业工作之后，恋爱就上升为主要矛盾，这时候把恋爱提上日程，就可以达到事业爱情双丰收的目的。经常看到大学生因为失恋自杀或者辍学，这种行为是不可取的，也不应该为了谈恋爱去牺牲学习时间，这种行为都是没有抓住主要矛盾。因为大学期间，是我们好好学习的时间，这时候搞好学习才是抓主要矛盾。

1981年召开的中国共产党第十一届六中全会指出：在社会主义初级阶段，我国社会的主要矛盾是人民日益增长的物质文化需要同落后的社会生产力之间的矛盾。这个主要矛盾的存在，就决定了我们的根本任务是集中力量发展社会生产力，至少在社会主义初级阶段是这样。首先解决主要矛盾，于是那个时期的活动主要目标便是解决我国社会主义初级阶段的主要矛盾。到2017年，习近平同志在十九大报告中强调，中国特色社会主义进入新时代，我国社会主要矛盾已经转化为人民日益增长的美好生活需要和不平衡不充分的发展之间的矛盾。这段时间内，起支配作用的矛盾就不再是人民日益增长的物质文化需要同落后生产力之间的矛盾。

矛盾的同一性，也就是矛盾双方相互连接和依存，矛盾一方的发展以另一方的发展为条件。同一性的存在具有重大意义："矛盾着的各方面，不能孤立地存在。假如没有和它作矛盾的一方，它自己这一方就失去了存在的条件。"① 矛盾同一性是事物存在和发展的条件。但是任何事物，都具有两种状态，即相对的静止状态和显著的变动状态。在这个过程中，双方存在互相斗争，这种斗争即矛盾的斗争性。斗争性与同一性相反，却都是矛盾本身固有的两种相反的根本属性。两者相互连接，而又不可分离，形成辩证统一的关系。可以这么说，斗争性存在于同一性中，没有斗争性就没有同一性。

生活中黑与白的例子就体现出斗争性和同一性的关系。黑白这对矛盾体的同一性是它们互为前提而存在，有黑就有白，有白就有黑，反之没有黑也就没有白；同时在一定条件下二者可以相互转化。

黑白这对矛盾体的斗争性表现为黑与白是对立的两个概念，二者相互排斥，相互对立。具体来讲，有黑暗的地方我们看不到光亮，而在阳光普照下，你不会感觉到黑暗。但这里所说的黑与白无其他意义，比如说在社会的黑暗中看到了光明，那就很不恰当了。

对抗，是矛盾斗争的一种形式，它是针对矛盾的性质和解决矛盾的方式而言的。我们都知道矛盾的基本性质是对抗性和非对抗性，因此，对于对抗性矛盾和非对抗性矛盾，解决矛盾的方法也是要不同的。"我们必须具体地研究各种矛盾斗争的情况，不应当将上面所说的公式不适当地套在一切事物的身上"②，"对抗和矛盾截然不同，对

---

① 毛泽东：《毛泽东选集》第 1 卷，人民出版社，1994，第 328 页。
② 毛泽东：《毛泽东选集》第 1 卷，人民出版社，1944，第 334 页。

抗只是矛盾斗争的一种形式，而不是它的一切形式，不能到处套用这个公式"。① 对抗性矛盾，在很多方面表现为剧烈的外部冲突，不可调和，互相敌对。与之相反，非对抗性矛盾就没有剧烈的外部冲突表现。因此若要解决对抗性矛盾，采取的手段便具有对抗性。解决非对抗性矛盾就要采取非对抗性手段。读完毛泽东同志的《矛盾论》，我对现实生活里许多矛盾的存在便没有了那么多纠结。课余时间是丰富爱好，出去游玩，还是钻研与专业有关的书籍？答案是后一种。毛泽东的《矛盾论》用唯物辩证法的观点诠释了矛盾的各种性质以及如何处理矛盾，是很完美地结合马克思主义哲学和中国国情的产物，具有划时代的重要意义。无论时间过去多久，它都是指导我们青年正确认识和处理矛盾，正确处理实际问题的指导手册。具体事情具体分析更是在指导我们去勇敢追寻真理。

（本文获北京体育大学马克思主义学院 2019 年度"拥抱经典每日打卡读书活动"优秀论文二等奖）

---

① 毛泽东：《毛泽东选集》第 1 卷，人民出版社，1944，第 336 页。

对《中国的红色政权为什么能够存在》的分析

上官嘉雯①

摘要： 井冈山革命斗争期间，毛泽东一方面指挥斗争有序进行，另一方面密切关注全国范围内的斗争走向，不断地思考中国革命的方向和道路问题。《中国的红色政权为什么能够存在》是毛泽东为中共湘赣边界第二次代表大会所写决议的一部分，原题为《政治问题和边界党的任务》。全文对全国范围内的政治状况，中国红色政权的发生和存在，湘赣边界的革命、政治、经济等问题进行分块分析，充分体现了毛泽东的深入思考。本文针对毛泽东文章的部分内容浅谈自己的看法，对其写作背景及历史意义进行简单分析总结。

关键词： 毛泽东；《毛泽东选集》；《中国的红色政权为什么能够存在》

一、写作背景

1927 年，在大革命正如火如荼展开之时，以蒋介石和汪精卫为首的国民党反动派悍然背叛革命，发动四一二、七一五反革命政变，大肆屠杀共产党员和革命群众。国共合作破裂，大革命失败，革命进入低潮期，白色恐怖笼罩全国。共产党人吸取教训，以南昌起义为代表的三大

---

① 作者系马克思主义学院 2018 级本科生。

起义，是共产党领导的武装反抗国民党反动派的标志行动。但是因为套用苏联模式，起义均以失败告终，革命再次陷入低潮。在八七会议中，毛泽东提出"枪杆子里出政权"，于是决定建立武装军队。随后的秋收起义攻打湖南，再次失败，于是毛泽东率领秋收起义部队退回江西井冈山。但这与中央的指示不一致，中央认为他的行为是割据一方，要求他在湖南拼死与国民党决斗。在这样的背景下，面对中央的质疑，毛泽东写下了《星星之火，可以燎原》和《中国的红色政权为什么能够存在》等文章来回应，揭示了革命的现状和革命的光辉前途。这些作品成为中国工农武装割据的纲领性巨著。

二、关于中国红色政权存在理由的分析

国内的政治状况在帝国主义和各地军阀的参与下显得既简单又复杂。买办阶级和乡村豪绅阶级支持下的国民党新军阀在外来帝国主义的压迫与内部被统治被剥削阶级的反抗之间，加强对工农阶级进行经济剥削和政治压迫。反抗的本能使各地各阶级以自己的方式尝试反抗，以挣脱到更加自由的地位，但不可否认的是这种反抗表现出不彻底的革命性，具体可以从在广州进行的资产阶级民主革命得以验证。这个被寄予厚望的革命"到半路被买办豪绅阶级篡夺了领导权，立即转向反革命路上，全国工农平民以至资产阶级，依然在反革命统治底下，没有得到丝毫政治上经济上的解放"。[①] 新的阶级即资产阶级的力量没有得到充分成长，参与革命的人群思想觉悟并不坚定，且极易被策反利用。（这里毛泽东所说的资产阶级是民族资产阶级。毛泽东在1935年12月作的《反对日本帝国主义的策略》和1939年12月作的《中国革命和中国共产党》中，对于买办阶级和民族资本主义的区别，曾作出详细的说明。）

---

① 毛泽东：《毛泽东选集》第1卷，人民出版社，1991，第47页。

那么中国红色政权发生和存在的具体原因到底是什么呢？

在一个国家里，在白色恐怖白色政权的四面围困之下，长期持续地存在着一些靠着自己的信仰深入群众，代表着最底层最广大群众利益的红色区域。1928 年，这种现象在毛泽东创作这篇文章时就已存在，这是身处帝国主义威胁中的中国所独有的，这种独有有自己的条件和必然性。

"第一，它的发生不能在任何帝国主义的国家，也不能在任何帝国主义直接统治的殖民地，必然是在帝国主义间接统治的经济落后的半殖民地的中国。"[①] 之前提到过的中国当时既简单又复杂的政治状况就是这一原因的最具体表现。中国内部的各新旧军阀的相互对抗，直接反映着帝国主义各国的相互对抗。这使得他们作为帝国主义在中国的代言人，为自己的私欲而斗争，有暂时性的假象妥协，以及根本上的不妥协，使得本质上作为统治者的军阀内部充满着必然的离心力。当时在对张作霖的对抗胜利、打下北京天津之后，临时的蒋、桂、冯、闫四派的团结立即解散，演变为四派之间的激烈斗争，甚至酝酿着战争。他们的长期分裂斗争给红色地区以喘息修整的机会，使得它们能在白色的包围下发生，并持续不断地发展下去。但中国的这种帝国主义操控下的割据分裂又有哪些原因呢？我们不难想象但很难系统总结，而毛泽东在文章中将其总结为两条：一是小农经济的传统使得资本主义大生产没有在中国得到发展，地方的农业经济不统一，在一定程度上限制了全国范围内的某一帝国统治的实现；二是中国国土面积过大，各地区地域分化极大，全域范围内人口、市场、资源等的潜在利益让任何一个已经插手的帝国主义国家没有办法放弃，但也没有能力全盘接受，只能采取划分势力范围的分裂剥削政策。

第二，中国红色政权首先发生和能够长期存在的地方不是那种并未

---

① 毛泽东：《毛泽东选集》第 1 卷，人民出版社，1991，第 49 页。

经过民主革命影响的地方，而是在资产阶级民主革命过程中，工农士兵群众站起来的地方。为什么要这样说呢？我们来看一下这些资产阶级民主革命给当地带来了什么。首先是革命的思想，这增强了群众的革命性以及革命的坚定性。马克思在《〈黑格尔法哲学批判〉导言》中曾经提到过："民族需要的本身是这些要求得以满足的决定性因素。"① 民主革命首先给人们带来革命的要求，唤醒他们为自己的民族利益而战的热血要求，给一切的开始带来一个可靠的开始，给后续的发展提供足够的动力。其次，资产阶级民主革命给当地群众带来的是革命方法。"这些省份的很多地方，曾经有过很广大的工会和农民协会的组织，有过工农阶级对地主豪绅阶级和资产阶级的经济的政治的斗争。"② 当地的群众或有一定规模的组织，可以从这些已有的，甚至亲身参与过的斗争中找到更加适合斗争现状的、可行性更强的斗争方法。而更成熟的、更自觉的、更有组织的斗争能为革命成功带来更多可能性。文章用两个"毫未"——"毫未经过民主的政治训练、毫未接受过工农影响的军队"和一个"决然不能"——"决然不能分化出可以造成红军的成分来"体现了这一点的重要性。

反观被某一帝国主义势力单一地、直接控制的地区，由于自卫编制、装备等的不足，很容易被强大的帝国主义在短期内大面积控制。在这种控制之下，整个国家几乎丧失了自主权。任何红色区域的可能只要存在就会被立刻消灭。地区内人民的思想在这种统治下也会逐渐转变、被同化，最终失去再兴"红色"的强烈要求。白色恐怖包围下的红色政权自然也不会产生，更难以发展。帝国主义国家自身内部的情况更不必说。这些都是在 1928 年时，毛泽东对国内国际情况的分析。这之后在第二次世界大战期间，基于自身军事实力的增长和地缘远近条件，日

---

① 马克思：《〈黑格尔法哲学批判〉导言》，人民出版社，2010，第 4 页。
② 毛泽东：《毛泽东选集》第 1 卷，人民出版社，1991，第 49—50 页。

本帝国主义者占领了许多原属西欧各个帝国主义统治下的东方殖民地。东方殖民地内的共产党组织已经有了一定的发展，他们领导殖民地的工人、农民、城市小资产阶级群众及民族资产阶级分子，利用在此争夺利益的各帝国主义之间的矛盾，组织了反法西斯统一战线，建立了抗日根据地，进行了艰苦的抗日游击战争，开始改变世界范围内的政治状况。二战结束之后，各殖民地人民依靠自己在抗日战争中摸索建立起的一套有力的武装力量，抵抗妄图继续延续殖民统治的英、美、法、荷帝国主义。二战使除美国以外的一切帝国主义国家被推翻或被削弱，苏联的地位在二战进行过程中不断上升，国力强盛，中国革命的胜利使帝国主义阵线在中国被突破。这一切都促使整个帝国主义制度在世界上遭到很大破坏，整个世界再也不是资本主义制度当道的时代。这些事件就给了东方某些殖民地人民一个可能，一个拥有和中国差不多一样地长期坚持大小不一的革命根据地和革命政权的可能。进一步地，我们或许能看到他们长期坚持农村包围城市的革命路线，逐步推进夺取城市，最终获得在全国范围内的胜利。根据这种新的难以预见的情况，毛泽东于 1928 年对于在帝国主义直接统治的殖民地条件下这一个问题所作的观察，已经有了改变。

第三，"小地方民众政权之能否长期地存在，则决定于全国革命形势是否向前发展这一个条件"①，类比于今日中国流行的"中国梦"一词。中国梦的实现过程推动着每一个人的梦的实现，个人的"中国梦"同样作为中国梦的一个部分促进整个中国梦走向实现，要看时代和社会的浪潮在往哪边涌动。而在当时，形势是跟着国内买办豪绅阶级和国际资产阶级的分裂与战争继续向前发展的，如此革命形势和小块红色革命根据地发展态势向好。

第四，"教训"的存在和党中央对教训的正确认识与批判借鉴是中

---

① 毛泽东：《毛泽东选集》第 1 卷，人民出版社，1991，第 50 页。

国的红色政权存在的又一大重要原因。"相当力量的正式红军的存在，是红色政权存在的必要条件。"① 几次革命失败以及遭遇反革命的叛变之后，我们的共产党终于认识到，拥有领导自己的武装力量，控制军队有多么重要。地方性质的赤卫队是革命根据地中群众的武装组织，它虽然可以起到一定的作用，可以作为党建设自己领导的军队力量的初始力量，但其本身并没有脱离生产，其本身的战斗力并不足以成为根据地的坚固堡垒，只能用来对付被地主夺权的"挨户团"反革命武装组织。而这个正式的红军队伍从什么地方获取自己的人力补充呢？从工人、农民等在底层被压迫的人民之中，由此"工农武装割据成为必备的重要思想"。

最后还有一个重要条件，即共产党组织的有力量和政策制定的没有错误。组织的有力量可以理解为党内的向心力强，党始终保持自己的纯洁性，致力于彰显党和人民共同利益目标的政策充分贯彻执行。这在当代也是同样完全适用且被极度重视的，如党风廉政建设、党的"三个代表"重要思想：我们党始终代表中国先进社会生产力的发展要求，始终代表中国先进文化的前进方向，始终代表中国最广大人民的根本利益，这就是对党组织的纯洁性提出的新要求。政策不失误当然不可能是一蹴而就的，能保证这一点，首先必然需要党内的反复商讨。面临军阀间歇性的进攻、白色政权的摧残等一系列瞬息万变的局势，党的特委和军委制定了如下政策：坚决斗争，反对逃跑主义是坚定军队的革命性；深入割据地区土地革命是解决农民最根本关心的问题、最复杂且难以解决的问题；军队帮助地方党的发展，自身力量足够但还有所缺失时团结地方；割据地区的扩大采取波浪式推进政策，反对冒进，是注重和真正认识了现实情况而实行的必要措施，同时革命中的先辈还注意到不能照搬苏联经验，形式地执行上级命令，反对本本主义。

---

① 毛泽东：《毛泽东选集》第 1 卷，人民出版社，1991，第 50 页。

三、中国红色政权产生、存在和发展过程中的问题与挑战

在分析了红色政权存在的原因之后，我们也不得不重视在此过程中仍然存在并且非常值得重视的问题和挑战。

首先应该注意的是，在军阀斗争之隙成长起来的红色政权，总会遇到各个军阀之间停战的时期。这些时期虽然是军阀疲于应付其他派系，自身战斗力量需要休整的时候，但对于刚刚"出生"的红色政权来说，仍然是一股强大的力量。许多红色政权都相继受到白色政权的摧残，这种持续时间长又多次反复的红白拉锯战对于正需要发展的红方极为不利。再加上有些同志对这一问题不认同或认识不清醒，在错误的时局判断下采取错误的战略，才有了八月失败事件。

其次，摆在所有人面前的问题是非常现实的经济问题。事业刚刚起步的中国共产党代表的是在底层劳动、受剥削的工人、农民等无产阶级。共产党自身不具有物质基础，它所庇佑的群众和拥护的群众同样也不能为它提供物质。且不说我们没有大规模制造军事斗争所必需的军火的工厂，从其他渠道获得必然需要不少的一笔资金，装备的质量和攻击威力上也势必会占劣势，只说伤病员的治疗药物和军队、百姓的日常生活用品，在此时也成为一大问题。再看我们的敌对一方，虽然各自获得资金的渠道不尽相同，但总归是有数目众多的各种新式武器。他们占据着主要交通运输道路，在城市盘踞，补给方便，包围着红色政权。而我们的红色政权就在白色恐怖的包围之下，一边打仗，一边筹饷，在夹缝中艰难生长。

四、结语

毛泽东关于红色政权能够存在和发展的理论鲜明地指出了中国革命发展的道路，即要在反动统治薄弱的农村积蓄力量，实行工农武装割据，以农村包围城市，最后夺取城市取得全国政权的道路。这是毛泽东

思想开始形成的一个标志模式，是马克思主义中国化的里程碑。

参考文献：

［1］毛泽东.毛泽东选集［M］.北京：人民出版社，1991.

［2］马克思.《黑格尔法哲学批判》导言［M］.北京：人民出版社，2010.

（本文获北京体育大学马克思主义学院 2019 年度"拥抱经典每日打卡读书活动"优秀论文二等奖）

青年马克思哲学思想的蜕变

——唯物主义辩证法的诞生

侯鑫磊①

摘要： 本文主要梳理了青年马克思从大学时期到加入青年黑格尔派再到与青年黑格尔派决裂创立唯物辩证法的过程。起初青年马克思深受黑格尔思想的影响，到后来与之决裂，但同时马克思经过思想的洗礼，批判继承和发展了黑格尔的辩证法与费尔巴哈的唯物主义，独创了唯物主义辩证法。唯物主义与辩证法的有机结合，创造出新的科学世界观，产生了哲学史上伟大的变革，为无产阶级的觉醒作出了巨大贡献。

关键词： 青年；马克思；黑格尔；费尔巴哈；辩证唯物主义

一、青年马克思的大学故事——黑格尔的思想对马克思的指引

青年马克思是一个有理想有抱负的青年。马克思在高中毕业时写的论文《青年在选择职业时的考虑》表达出自己的理想——为人类的幸福和自身的完美而奋斗终生！青年马克思有着超乎常人的远大理想，所以他在以后追求理想的过程中依旧保持着初心。高中毕业后，马克思被他父亲亨利希·马克思安排在德国波恩大学就读法律系。因为马克思的父亲是一名律师，所以他望子成龙，希望马克思以后也成为一名律师，

---

① 作者系马克思主义学院 2018 级本科生。

过着稳定的生活。实际上，马克思并不想按照他父亲的安排去生活，他不喜欢学习法律，面对整天枯燥的法律，他实在是提不起兴趣，于是他开始叛逆。在波恩大学读书的日子，他时常在出租屋里喝酒抽烟，经常与叫"特里尔同乡会"的朋友们去外面吃吃喝喝，就这样他一年竟然花费了700塔勒的生活费。当他的父亲看到他信中的账单时，气得直接去马克思居住在波恩大学旁边的出租屋找他。按照父亲亨利希的话来说，当时的富家公子一年也不过才花500塔勒，而马克思竟然花了700塔勒，这实在是无法理解。当父亲亨利希来到马克思居住的出租屋时，看到房间里杂乱无章，他所写的笔记也与法律无关，气得叹息。夜晚，亨利希等马克思回来，却听到楼下嘈杂的喊叫声，一群醉酒的青年在大街上"耍酒疯"，看到这一幕，亨利希决定马克思不能再待在这个地方了，于是安排马克思转学到柏林大学。

马克思深受柏林大学的影响，在这里他从一个叛逆的青年转变成为一个努力用功的青年。马克思在柏林大学终于可以做自己想做的事情，研究哲学，研究康德、费希特、黑格尔的作品。康德和费希特的作品让他越来越迷茫，他觉得读他们的作品终究是无法解决抽象的体系和具体的问题之间的对立。在这时，他在读黑格尔的著作时，发现黑格尔哲学中的辩证思想，正好可以克服康德体系中抽象和具体的对立、实然和应然的对立。马克思对黑格尔的作品很痴迷，后来又加入了青年黑格尔派在柏林大学的"博士俱乐部"，再后来马克思毕业，拿到了耶拿大学的哲学博士学位。

黑格尔的哲学思想对马克思的影响非常重大。黑格尔的完整的哲学体系和概念辩证法对马克思以后的唯物辩证法的产生起着重要的作用。黑格尔创造了绝对观念的哲学体系，经历了三个阶段：逻辑阶段、自然阶段和精神阶段。分成三个部分：逻辑学、自然哲学和精神现象学。创造哲学体系必须有方法论的支撑，这个方法论就是：概念辩证法。它的出发点是抽象的理智概念过渡到它的对立面，通过思辨理性达到肯定的、具体的知识。马克思被这样的哲学体系和方法论所震惊，按照马克思说的："辩证法不崇拜任何东西，按其本质来说，它是批判的和革命的。"马克思吸收了黑格尔的辩证法思想，并将其应用到实际生活中。

二、马克思与青年黑格尔派决裂

马克思获得哲学博士学位后，就得到了第一份工作，即《莱茵报》主编。《莱茵报》背后的股东都是一些商业资本家，他们与普鲁士政府是对抗的。普鲁士政府是封建地主阶级的代表，他们是反黑格尔的，而《莱茵报》的股东们支持黑格尔，他的理论是服务于资本家们的，所以普鲁士政府与《莱茵报》背后的股东是不合的，自然也是与马克思不合的。马克思当时头脑里一直推崇黑格尔的思想，带着这样的理论第一次去解决实际的问题，就是《林木盗窃法》的新法案。

当时莱茵省在讨论关于林木盗窃的新法案，这项法案的目的是要惩罚那些到森林里去捡枯树枝的穷苦农民。林木所有者认为，未经他们允许就去捡枯树枝，就属于盗窃。农民一直都是靠捡枯树枝来生火做饭取暖，以便维持生计。现在枯树变成了林木所有者的私有财产，矛盾就凸显出来。但是面对林木所有者的利益和农民的生计问题，国家政府颁布了《林木盗窃法》，支持并保护林木所有者的利益，而不顾农民的生存问题。马克思写文章抨击莱茵省议会的做法，认为他们是受到利益驱使，根本没有考虑绝大多数穷苦农民的生活。大自然给予人们的一切都是公平的，每个人都有权利去分享自然的赋予，而林木所有者把公共财产据为己有，还要立法惩罚农民，马克思气愤至极。于是他开始疑惑黑格尔的哲学理论，依据黑格尔所说，国家和法律都是"理性"的化身，应该保持公平和正义，而普鲁士政府却不是这样。普鲁士政府不是"理性"的化身，是代表私有者的利益。之后摩塞尔地区贫苦农民的争论让马克思更加质疑黑格尔的理论，他发觉国家不是为大多数的人谋幸福，它是与物质利益紧密相连的。马克思又写了《摩塞尔记者的辩护》一文，不单单是批判私人利益的问题，更多的是指出国家本身就存在着很多的问题。摩塞尔地区的贫困，是政府治理下的贫困，政府似乎不管不顾这种贫困，只在意物质利益的问题。马克思相当愤怒，用尖酸刻薄的话语去批判政府与法律的不公。其实归根结底马克思更大的失落是他心中闪着光芒的黑格尔暗淡了，他的思想与黑格尔的理论之间出现了裂痕，他开始思考、质疑，决定要在实践中去寻找真理。

再后来马克思结束了莱茵报社的工作后，便与黑格尔决裂了，他笔头一转，开始批判黑格尔法哲学，批判黑格尔概念辩证法中理论与现实的差距。但是，辩证法却是使他终身受益的方法。

辩证法是深受马克思肯定的。黑格尔认为，一切事物都是暂时的，都具有运动的绝对性，一切现实都会丧失必然性和合理性。他的辩证法不是从现实出发，而是从绝对精神经历不断的辩证运动，马克思就是从这里看出了破绽，这种总是从概念中辩证来到概念中辩证去的方法是不可靠的。于是马克思在思考，在批判。马克思在《〈黑格尔法哲学批判〉导言》中说："德国的国家哲学和法哲学在黑格尔的著作中得到了最系统、最丰富的和最完整的阐述；对这种哲学的批判不但是对现代国家和对同它联系着的现实的批判性分析，而且是对到目前为止的德国政治意识和法意识的整个形式的彻底否定，而这种意识最主要、最普遍、最为科学的表现就是思辨的法哲学本身。"① 黑格尔的理论是为资产阶级服务的，所以不能只批判国家，要批判到根源，即黑格尔法哲学。"批判的武器不能代替武器的批判，物质力量只能用物质力量来摧毁；理论一经掌握群众，也会变为物质力量。"② 马克思现在已经不断地意识到从现实、从实践出发的重要性，而费尔巴哈的唯物主义就是马克思批判黑格尔的重要理论工具。

三、费尔巴哈的形而上学唯物主义对马克思唯物主义的影响

在《基督教的本质》一书中，费尔巴哈指出："不是上帝创造了

---

① 中共中央马克思恩格斯列宁斯大林著作编译局：《马克思恩格斯全集》第 1 卷，人民出版社，1956，第 459 页。

② 中共中央马克思恩格斯列宁斯大林著作编译局：《马克思恩格斯全集》第 1 卷，人民出版社，1956，第 460 页。

人，而是人创造了上帝。"费尔巴哈从唯物主义的角度来分析精神与物质的关系，把宗教的本质归结于人的本质，具有积极意义，是其宗教批判的一个重要成果，强调宗教是人的本质的异化，恢复了唯物主义的权威。费尔巴哈在反宗教上作出了很大贡献，他揭露了宗教的秘密，但是只限于精神根源的分析，无法解释宗教产生的社会根源。马克思说过："宗教是那些还没有获得自己或是再度丧失了自己的人的自我意识和自我感觉。"① 马克思看出了宗教的本质，不是宗教创造了人，而是人创造了宗教。"宗教是人民的鸦片"就很形象地解释了宗教的功能。马克思在宗教方面剖析得非常透彻：宗教是在人们现实的苦难中，在人们内心的慰藉中，使人们迷失了，从而像精神鸦片一样，麻痹了人们。他认为，实践是消除宗教异化及其世俗根源的根本途径。并不是用理论去单单地和宗教作斗争，更重要的是实践才是"武器的批判"，唯有在实践中一点点摸索，才可以消除宗教的异化和世俗的根源。

"从前的一切唯物主义——包括费尔巴哈的唯物主义的主要缺点是：对事物、现实、感性，只是从客观的或者直观的形式去理解，而不是把它们当作人的感性活动，当作实践去理解。"② 马克思在这里认同费尔巴哈思想不是唯心主义，而与唯物主义是一个阵营，这使马克思也深受影响。马克思对于费尔巴哈形而上学的唯物主义不是全盘地接受，而是批判地接受。费尔巴哈在自然上是唯物主义的，但是在历史观上却是唯心主义的。马克思认为费尔巴哈的唯物主义并不是辩证的唯物主义，因为他忽视了主体的能动性。因为费尔巴哈受到了德国当局的排斥，他在穷乡僻壤中过着农民般的孤陋寡闻的生活，没有对新的科学发展进行关注，所以他的脑海中辩证的思想比较少。而且，他的唯物主义具有机械性，只用力的运动思维来理解全部的自然现象。同时，他的唯

---

① 中共中央马克思恩格斯列宁斯大林著作编译局：《马克思恩格斯全集》第 5 卷，人民出版社，1956，第 452 页。
② 中共中央马克思恩格斯列宁斯大林著作编译局：《马克思恩格斯全集》第 3 卷，人民出版社，1956，第 3 页。

物主义还具有形而上学性，总是用孤立、静止、片面的观点看世界，而不能把世界理解成一个普遍运动实践的历史过程。此外，他在历史观上还是唯心的。他并不认为历史是人们实践之后的结果，否认历史的客观规律。所以，马克思说："他不了解'革命的、实践批判的'活动的意义。"马克思认为，尽管费尔巴哈用感性直观的标准反对黑格尔的理念标准，但离开实践的思维是否具有现实性仍属于纯粹经院哲学的争论。

费尔巴哈的唯物主义对马克思产生了深远的影响，使得马克思推翻了黑格尔的唯心主义，从而建立了唯物主义世界观。

四、马克思哲学思想的转变——辩证唯物主义的诞生

马克思从黑格尔那里学到了辩证法，了解到世界是运动和发展的，辩证法是普遍联系的，是以自身的矛盾来发展运动的。对于黑格尔的辩证法，马克思吸收并进行继承和发展。但是单单辩证法是解决不了理论和现实之间的对立的，要从物质、现实、实践出发，而不是在概念中转圈。马克思从费尔巴哈那里批判地继承了唯物主义，马克思是彻底的实践唯物主义者，无论是在自然观上还是在历史观上。同时马克思与费尔巴哈的形而上学唯物主义相比，他的唯物主义更具有实践性，他认为实践是验证思维真理性的标准，这是马克思的创新。马克思将辩证法与唯物主义结合，实现了哲学史上的创新，创造了新的世界观和方法论，为以后无产阶级的觉醒作出了巨大贡献。

参考文献：

[1] 中共中央马克思恩格斯列宁斯大林著作编译局．马克思恩格斯全集：第1卷、第3卷 [M]．北京：人民出版社，1956.

（本文获北京体育大学马克思主义学院2019年度"拥抱经典每日打卡读书活动"优秀论文三等奖）

从《毛泽东选集》（第一、二卷）
看中国革命进程

李逸群①

摘要：《毛泽东选集》一定程度上是中国革命进程的产物，是真实的历史记录，反映出中国共产党的革命精神，从中可以读出革命之不易，更能读出中国共产党人的初心和使命。中国共产党将马克思主义理论同中国革命的具体实践相结合，坚定革命理想信念，不断加强党的领导，始终重视人民群众的主体地位，只有这样，革命才有前途，民族才有希望。

关键词：中国革命进程；中国共产党的革命精神；前途

"风雨如磐暗故园"，近代以来，中国历经风雨洗礼，无数人的热血洒向前线，洒向如泥沼般的隐蔽战线，革命先辈为民族、为人民负重前行，以思想理论武装头脑，在大厦将倾之时心怀祖国与人民，在时代潮头勇于担当，不辜负历史给予的重任。《毛泽东选集》第一卷、第二卷展现了国内革命战争时期及部分抗日战争时期的革命历程，本文主要阐述两卷所展示出的时间段的部分宝贵革命经验。

---

① 作者系马克思主义学院 2018 级本科生。

一、国内革命战争时期

第一次国内革命时期，国共两党进行了第一次合作，然而蒋介石的反革命政变导致大批共产党员和工农群众遭到杀害，国共关系破裂。第二次国内革命战争时期又称土地革命时期，这一时期中国共产党开始独立地领导武装斗争，深入开展土地革命，使红色政权在白色政权的夹缝中一步步成长、壮大。同时，逐渐摸索出符合中国革命实际的道路，将革命重心由城市移至农村。在国民党反动派疯狂的围追堵截中，红军排除万难实现战略转移，致力于抗日民族统一战线的形成。

（一）革命根据地红色政权的建设经验

井冈山革命根据地在第二次国内革命战争时期极具代表性，从《毛泽东选集》第一卷中《中国的红色政权为什么能够存在》《井冈山的斗争》《星星之火，可以燎原》等文中可以看到，井冈山斗争时期红色政权的存在得益于诸多因素。第一，白色政权内部有分歧、斗争，党和红军在夹缝中求生存、谋发展，逐渐形成了一股力量。第二，红军坚持党的领导、严格遵守纪律，同时，中国共产党逐渐探索出一条符合中国特殊国情的政权建设道路。红军在与敌人的交锋中不断摸索，得出单纯的流动、游击策略无法完成促进形成全国革命热潮的任务，拒绝流寇主义政治思想，要从历史上黄巢、李闯的错误和现实战斗所得经验中吸取教训，且不可盲目冒进的结论。在中国共产党领导下，政权有根据地、有计划地建设，这是当时关乎革命未来、"红旗能打多久"的重要问题。第三，中国共产党有效落实解放、保护、动员、组织、引导群众的路线、方针、政策。打土豪、分田地等一系列举措，致力解放群众，给予其主人翁地位。工农革命军想要在井冈山站稳脚跟，让红色政权生存下来，就必须唤醒民众的革命觉悟，积极动员广大群众，让其明确党和红军一切为民的真心，激发其支持红色政权的斗争热情。在敌众我寡、武器不足的形势下，人民群众保卫红色政权的力量不容忽视。革命军组织起来的群众具有无穷的力量，在战场上与军队整合力量一次又一次击退了敌军。第四，井冈山具有地理优势。

井冈山革命根据地对红色政权的建立起着不可或缺的旗帜作用，彭德怀曾写诗称赞"唯有润之工农军，跃上井冈旗帜新"。井冈山时期艰苦卓绝的斗争是马克思主义中国化的最初实践，敌军向井冈山根据地不断发起进剿、会剿以及向若干小块红色政权区域进行大大小小的进攻，在 1928 年南方统治势力较为稳定阶段，我方军力不足四个团，但红色政权区域依然在扩展，红军、赤卫队和群众基础也在扩大。红军与雇佣军不同，是致力于群众解放的人民军队，除作战外，也宣传、组织、武装、帮助群众建设红色政权和党组织。不杀反水农民、保护民族工商业、土家人与客家人矛盾处理方法合理、军民同甘共苦、军纪严明等这些举措取得了民心，党群关系、军民关系十分密切，为红色政权的发展奠定了良好基础。

（二）中国革命战争的前路探索

由于第五次反"围剿"的失败，1934 年 10 月，红一方面军开始长征。红一、红二、红四方面军和红二十五军等都进行了艰苦卓绝的长征，总计行程 6.5 万余里，红军战士们在几十万敌军的围追堵截、物质条件匮乏、交通不便、气候恶劣、长途跋涉的处境中为革命奋不顾身、排除万难。各路红军出发时，总人数约 20 万人，最后到达陕北时仅不足 5 万人，创造了人间奇迹。分散在各个区域的红军历经痛苦和牺牲、战胜极端困难、自力更生，转战大半个中国，胜利实现了战略转移。

漫漫征途，是战斗的一路，挑战体能极限的一路，对抗恶劣环境和气候的一路；同时也是军事问题、政治问题不断产生和解决的一路。由于博古、李德的一系列错误，红一方面军在突破第四道封锁线时经湘江战役后已锐减至 3 万余人。经遵义会议转折，"开始确立以毛泽东同志为主要代表的马克思主义正确路线在中共中央的领导地位"。当时红军指挥员平均年龄不足 25 岁，战斗员平均年龄只有 20 岁，14 至 18 岁的战士至少占40%。这样年轻的队伍、装备简陋的队伍面对着几十架飞机侦察轰炸、几十万敌军围追堵截，面临着生存危机、简陋的医疗条件，不到2年的时间里与敌人进行了600余次战斗。然而，在红一、红四方面军会师后，张国焘产生了拥兵自重、野心膨胀的心理，他错误的军事、政治路线和分裂主义造成了红四方面军的重大损失。

红军长征创造了伟大史诗，破重围、经百战、行万里、历绝境的红色铁流将种种不可能化为可能。在到达陕北后，毛泽东《论反对日本帝国主义的策略》《中国革命战争的战略问题》两篇报告总结了第二次国内革命战争的经验，系统解决当时的政治路线、军事路线问题。两篇文章系统阐明了当时政治形势的特点，建立广泛的民族革命统一战线，国际援助的重要性以及如何研究战争，梳理中国革命战争的特点、中国内战的主要形式、战略防御等问题。虽然党和红军遭受巨大损失，但核心力量的保存以及长征的胜利结果表明党更加坚强，从思想上、政治上、组织上成熟起来，红军也更加坚定、团结。

二、抗日民族统一战线

中国革命包括资产阶级民主主义性质的革命和无产阶级社会性质的革命。这两重革命任务的领导都由中国无产阶级政党——中国共产党担负。中国共产党不断巩固思想上、政治上、组织上的一致，党内的团结是团结全国人民争取抗日胜利和建设新中国的最基本条件。共产党人一心一德，反对一切游移、动摇、妥协、退让，促成全国的大联合。中国共产党力求挽救民族危亡、抵御日寇进攻，始终坚持巩固和扩大抗日民族统一战线、发动全民族中的一切抗日力量、军民一致、瓦解敌军、文化动员、争取国际力量。

在《反对日本进攻的方针、办法、前途》一文中毛主席提出的两种方针、两套办法、两个前途，正说明了抗日战争中一条共产党路线和另一条蒋介石路线之间的斗争。可以看出共产党人坚决抗日的决心，更可理解到只有动员一切抗日力量，才能争取抗战胜利。在《为动员一切力量争取抗战胜利而斗争》中毛主席指出："中国共产党在自己一贯的方针下愿意和中国国民党及全国其他党派，站在一条战线上，手携手地团结起来，组成民族统一战线的坚固长城，战胜万恶的日寇，为独立自由幸福的新中国而斗争。"国民党仅仅是统一战线的一部分，"抗日民族统一战线是各党各派各界各军的统一战线，是工农兵学商一切爱国同胞的统一战线"。只有全民族实行抗战才是当时中国的出路。全面抗战局面是全国人民总动员的民族革命战争。文中指出，抗战要动员二百几十万常备军，动员全国人民，改革政治机构，清除政府中暗藏的亲日分子和汉奸分子，在外交上坚决抗日，宣布改良人民生活的纲领，进行国防教育，实行抗日的财政政策和经济政策。

政治方面，政治的改革将促进抗战的坚持，而抗战的坚持也能促进政治的改革。因此，国内政治的改革尤为重要。要致力于建设由人民代表参加的统一战线的政府，使战争带有群众性，允许人民以言论、出版、集会、结社和武装抗敌的自由，镇压汉奸。同时，对于人民的生活进行积极改良。

军事方面，毛泽东在《论持久战》和《抗日游击战争的战略问题》中进行了详细、系统的分析。战争是带血的政治，是政治的继续。没有不带政治性的战争，抗日战争的政治目的便是驱逐日本帝国主义，建立自由平等的新中国。因此，政治动员是十分重要的，应该经常性地宣传战争的政治目的，明确具体的政治纲领。毛泽东在《论持久战》中指出了抗日战争之所以是持久战的原因，分析了战争双方互相反对的许多特点，坚决驳斥了亡国论和速胜论。战争具有长期性，中国的持久战有三个阶段：第一，敌之进攻，我之防御阶段。第二，战略相持阶段，敌之战略保守，我之准备反攻。第三，我之战略反攻，敌之战略退却阶段。如此，才可收复失地。在日本强势侵略面前，妥协是不会成功的，只有抗战、团结、进步，为永久和平而战，民族才有希望，国家才不至于灭亡。《抗日游击战争的战略问题》一文则指出，在抗日战争中，正规战争是主要的，游击战争是辅助的，战争的基本原则是保存自己、消灭敌人，游击战争和正规战争要进行战略的、战役的、战斗的配合。经过游击战争和敌我双方斗争的结果，可以变为三种情况的地方：第一种是被我方游击部队和我方政权掌握着的抗日根据地；第二种是被日本帝国主义和伪政权掌握着的被占领地；第三种是双方争夺的中间地带，即所谓游击区。必须主动、灵活、有计划地执行防御战中的进攻战、持久战中的速决战和内线作战中的外线作战。文中详细阐述了游击战争的战略防御和战略进攻的问题，具有指导作用。游击战争中也必须注意主动性、灵活性、计划性的问题：虚心研究、正确估计客观情况才能实现主动性，分散、集中、转移要充分发挥灵活性，了解情况、明确任务、科学部署兵力、实施军事和政治教育是计划性需注意的。山地、平地和河湖港汊地可发展游击战争，有建立根据地的可能性，随着战争的长期性和残酷性，根据地的建设有着重要意义。同时，各个根据地内的游击战争也要极力向根据地四周发展。

中国共产党切实落实《七七宣言》中指出的"坚持抗战、反对投降""坚持团结、反对分裂""坚持进步、反对倒退"的政治口号。中国共产党的统一论是真的统一论、合理的统一论、实际的统一论，是全国人民的统一论、是一切有良心的人的统一论。党积极克服投降危险，坚决反抗投降派和顽固派的军事进攻与政治进攻，坚持统一战线，加紧团结全国，拥护国共合作，打倒汉奸，树立民主政治，巩固抗日根据地，拥护抗日有功部队，发展抗战文化，保护进步青年，力争时局好转，《向国民党的十点要求》一文更是明确指出："就国之大计，抗日之要图。"

奋不顾身、坚韧不拔的艰苦奋斗精神是革命需具备的，坚定信仰、百折不挠、实事求是、顾全大局的高度团结精神是革命需具备的，坚持理论联系实际以及坚决维护党中央的领导，与人民患难与共、生死相依的赤子之心是革命需具备的。

（本文获北京体育大学马克思主义学院 2019 年度"拥抱经典每日打卡读书活动"优秀论文三等奖）

浅谈《评普鲁士最近的书报检查令》的新闻思想

丁雪晨①

摘要：《评普鲁士最近的书报检查令》是反映马克思新闻思想的一篇里程碑式的重要文献，该文严厉批评了普鲁士政府对出版自由的限制政策，谱写了普通民众争取新闻出版自由的新篇章。而近来许多滥用新闻自由的事件都在提醒我们擅用新闻自由的危害和新闻管制的重要作用。改革开放以来，我国新闻媒体逐渐变得开放与透明，但毋庸讳言，我国的新闻出版事业还有提升空间与改进领域。而马克思本人的新闻观值得深入的研究和探讨。本文先从自由观、理性观两个角度解读文本，然后阐述在研究文本时容易产生的谬误。

关键词：自由观；理性观；评论

一、引言

《评普鲁士最近的书报检查令》是马克思发表的第一篇政论文章，是马克思在无产阶级新闻事业的初步探索时期具体的新闻作品，其中蕴含了马克思恩格斯作为无产阶级革命导师对于本阶级新闻事业的真知灼见。该文发表于 1842 年，这正是马克思思想发生巨变的时期。他此前于波恩及柏林大学攻读法律，却又因个人原因转向哲学研究，然而，他

---

① 作者系马克思主义学院 2018 级本科生。

的反对派立场与身份阻碍其成为大学的哲学教授，与此同时，他也注意到许多因所谓的"反对派思想"而被逐出校园的青年学者，他也同他们一样，选择新闻出版业来传播革新思想。当他一再目睹"青年黑格尔派"受到当局的打压后，便发出了《评普鲁士最近的书报检查令》这样的愤慨之作。马克思当时持左派改革路线，倡导无神论，推崇人的自我意识，而他在文中的莱茵省人身份也有其自己的意图，有学者称，这不仅因为他的籍贯是莱茵省，更因为他确信文中的观点不是其个人态度，而是普遍的民意。①

二、正文

（一）马克思的自由观

言论自由是人类具有的基本重要权利之一，而马克思也给出了言论自由的定义，即"人人享有的以口头、书面以及其他形式获取和传递各种信息、思想的权力"，然而在新颁布的书报检查令中，有许多规定妄图直接限制人们的言论自由。普鲁士当局当时尝试在社会政治生活中限制和约束民众自由，除了通过建立严密的书报检查制度对言论和出版自由进行程序性约束之外，他们更制订严苛的标准来对社会言论和思想加以精神控制。而这其中最典型的即要求作者对真理的讨论必须是严肃且谦逊的："根据这一法律（即根据第 2 条规定）书报检查不得阻挠人们对真理作严肃和谦逊的探讨，不得使作者受到无理的约束，不得妨碍书籍在书市上自由流通。"② 这条法令看似在保护群众的言论自由，实质上却是对言论自由的极大限制。只有合乎"严肃"和"谦逊"这两个所谓的尺度的作品才可以传播，而反之，就会被剥夺和限制言论自

---

① 刘宏宇：〈评普鲁士最近的书报检查令〉考证研究——马克思首篇政论文的历史背景及思想观念分析，《国际新闻界》2011 年第 9 期。

② 中共中央马克思恩格斯列宁斯大林著作编译局：《马克思恩格斯全集》第 1 卷，人民出版社，1995，第 108 页。

由。而这种检查措施并不能对言论自由的发展起到良性的引导作用，相反，只能从根本上取消言论自由。在马克思看来，为符合理性的自由探讨的结果应当无限接近乃至于实现真理，从而实现更大的自由和更高的理性，而当局所设立的"严肃"和"谦逊"的标准显然不能实现这一观点。这两个规定要着重探讨的不是内容，而是内容之外的东西，这使它一开始就脱离了真理，而将注意力转移到第三者身上，这个第三者即言论形式必须是"严肃而谦逊"的观点，在这条法令规定下，我们可以探讨真理，但必须是在"严肃而谦逊"的形式下探讨和提出真理，如果不在这种指定的形式下进行，我们便违反了当局的书报检查令制度，这无疑是对言论自由的极大限制。正如马克思在原文中提出的："如果谦逊是探讨的特征，那么，这与其说是害怕谬误的标志，不如说是害怕真理的标志。谦逊是使我寸步难行的绊脚石。它就是规定在探讨时要对得出结论感到恐惧，它是一种对付真理的预防剂。"① 由此可见，当局提出探讨标准的目的，并非是保护和鼓励言论自由，而是对人们探究真理的活动进行妨碍和限制，一旦服从这条检查令，所有的探究活动都只能在其规定的范围内进行，而对于真理的探求需要排除一切的边界和禁忌，这种受到"严肃和谦逊"限制所得出的真相只能是虚幻和谬误。

因为书报检查令的自由主义带有虚假性和欺骗性，也就是马克思提出的"虚伪自由主义"，而这种虚伪性诱骗了很多普通民众，认为这是保护言论自由的、划时代的民主举措。而在马克思看来，该法令并未否定既有的书报检查制度，其自由主义表象无非是用来掩盖出版自由和书报检查制度之间矛盾性的障眼法罢了。② 马克思对"严肃而谦逊"这一

---

① 中共中央马克思恩格斯列宁斯大林著作编译局：《马克思恩格斯全集》第 1 卷 [M]，人民出版社，1995，第 125 页。
② 中共中央马克思恩格斯列宁斯大林著作编译局：《马克思恩格斯全集》第 1 卷 [M]，人民出版社，1995，第 129 页。

标准的可信性进行了探讨，认为如果滥用这个标准，不仅妨碍对真理的思索和探讨，更将成为一种专制化的要求。

因此也有学者认为，马克思这一观点代表其对文化专制主义的批评，事实上马克思在原文中并没有强调文化多元的作用，而是强调要自由发展，尊重其本来面貌，不能强加管制，一味地强调多元也是从另一个角度上的压制。马克思认为，一方面应该保障人们言论自由的权利，另一方面应该避免观点受到"严肃而谦逊"这一标准的压制，使得所有的观点都变成"一片灰色"。① 事实上，马克思认为真正的"严肃和谦逊"是合乎理性的，而当局者所制定的标准只能起到消极的灰色作用，是一种虚伪的幌子："精神的谦逊总的说来就是理性，就是按照事物的本质特征去对待各种事物的那种普遍的思想自由。"② 从中我们可以看出，马克思所认为的自由来自理性的范畴，而不是外界的非理性的强制手段。

（二）马克思的理性观

马克思在文中立足于自身的理性原则，将其作为一种正面的核心概念来运用，用以解决现实问题。文章充分体现了马克思坚定的政治立场、雄厚的雄辩力量和缜密的逻辑思维，充分利用理性对书报检查令进行分析。马克思在文中使用的国家观念是合乎理性的，或者说是完全的理性国家，马克思认为其当前的任务是通过批判来揭露政治现实和政治理想的差异，对普鲁士国家制度加以改进和完善，由此将普鲁士建设为真正的理想国，将异化的国家改造为理性的国家。

在马克思看来，国家、法律和新闻出版都是理性的具体表现形式，新闻出版是一种外在的表现形式，而在法律范围内的新闻出版自由则是

---

① 中共中央马克思恩格斯列宁斯大林著作编译局：《马克思恩格斯全集》第1卷，人民出版社，1995，第129页。

② 中共中央马克思恩格斯列宁斯大林著作编译局：《马克思恩格斯全集》第1卷，人民出版社，1995，第130页。

理性的客观表现形式。因此，由法律而限制的新闻出版自由不能使公众形成良好的意识，尤其是交由书报检查官判断的"严肃和谦逊"更不能称为理性的表现，这种暧昧的标准只能为当权者提供更多的操控自由的权力。而马克思认为，限制自由的法律的提出，并不算作是国家给公民提出的法律，而是一个党派给另一党派提出的法律，这也就意味着，书报检查令制度背后还隐藏着党派之间的争斗，但是，马克思并没有深挖这种争斗，而只是一概地指出：推行这类法律的政府已经走到民众的对立面并发生了异化。而在提出批评的同时，马克思也运用理性将当局与抽象国家概念分开，认为当局的政策是"反国家的"，而书报检查令无疑会妨碍国家成为真正的理性国家。

书报检查令在执行中同样是非理性的。只要书报检查官认为作者的态度是轻浮、敌视或偏激的，他就有权力将其封禁。而毫无疑问，这几个标准都是极具主观性的，随时依照检查官而变化，如果以此为标准来判断一个批评是否是得体的，那么就没有什么批判是得体的了，这就取消了以客观事实为准绳的判断前提了。检查官的状态不一，就导致所有的批判都是不稳定、不可靠的了。

尽管如此，当局者还是将检查官视为不容置疑的存在，以此来逼迫民众对其信服。当局者显然妄图通过种种手段使自己成为垄断真相的主体，让当局的判断代替真正理性的国家的判断，而这样得出的真理，一定是不可靠的、不清晰的。如果一直由书报检查官的主管臆断而对种种其认为的"不得体的"自主思想加以扼杀，那么，整个社会的思想和活力无疑都会遭到禁锢。书报检查制度自身排除所有被议论的可能。只要继续维护这种制度，当局者和国家必定站在民众的对立面。然而，马克思虽然主张废除书报检查制度，却并没有深入探究产生该制度的深层背景，这也反映出他当时政治思想的不成熟。

三、研究中存在的一些问题

（一）马克思当时并不是马克思主义者

1940 年马克思在写作博士论文的时候还是一个激进的青年黑格尔派成员，为了"自我意识"的口号到处和人激烈争论。1842 年他写作了《评普鲁士最近的书报检查令》；1943 年创办《德法年鉴》；1844 年写作《巴黎手稿》；1845 年写作《关于费尔巴哈的提纲》；1848 年 2 月，《共产党宣言》发表，由此才标志着马克思主义的诞生。

由此可以看出，在写作《评普鲁士最近的书报检查令》时期，马克思的世界观正在由青年黑格尔派向对立面转化，那时的马克思并非马克思主义者，此时他的政治立场属于同情资产阶级的革命民主主义者，向社会主义者的过渡尚未完成。部分学者在研究时脱离了马克思主义发展史，主管臆断其时代背景，过分拔高马克思当时的思想，认为马克思在当时有"全面批判反动者""主张辩证思维"等的观点。事实上在当时，马克思还抱有通过温和的方式改造普鲁士国家的幻想，并未完全同资产阶级决裂。文章中并未出现"革命"等激进的词汇，马克思还是资产阶级改良派的一员，马克思也并非天生的革命者，而是在实践中不断学习和发展的。而在《第六届莱茵省议会的辩论》一文中，马克思再次阐述了关于言论自由的话题，而其中更加激进的思想也标志着马克思这个青年革命家的进步。

（二）自由指具体的自由

抽象的自由和具体的自由实际代表不同时代的要求，而在《评普鲁士最近的书报检查令》一文中，马克思所要求的自由是具体的言论自由，这显示其并非空想，而是要解决普鲁士国家的现实问题。马克思通过具体的手段达到这一目的，而不是通过构建思想的蓝图。有些学者脱离具体的自由，大谈辩证法，其实在马克思看来，言论自由不能离开具体的社会环境，离开社会环境的言论自由都是空谈。

四、结语

《评普鲁士最近的书报检查令》一文是马克思思想立场转变时期的重要著作，是其从青年黑格尔派向无产阶级立场转变的见证之一。当今社会舆论环境嘈杂，言论自由问题一再被提及，如正常交流渠道的堵塞、依法行政的决策规范虚位、包容并蓄政治决心的缺失、僵化话语机制的固化。马克思的《评普鲁士最近的书报检查令》作为对一项事关言论自由和理性的法律的检讨，至今对我们仍有重要的启示意义。我们的自由和权利需要法律的保障，但这法律绝不可以主观臆断何为标准，也不可通过规定诸如"严肃而谦逊"的讨论方式等手段来遏制自主思想的进步和发展。发挥人的理性，用理性这一积极的、正面的核心立场来营造真正自由的环境，才是发展言论自由的有力举措。

（本文获北京体育大学马克思主义学院 2019 年度"拥抱经典每日打卡读书活动"优秀论文三等奖）

论邓小平的科技思想和时代价值

侯榕芳①

摘要：在"文革"十年动乱时期，我国科技事业遭到严重破坏，更错过了宝贵的发展机遇。此时，邓小平同志高瞻远瞩地提出了科学技术是第一生产力；知识分子也是工人阶级，要建设强大的科技人才队伍；发展教育；坚持党对科技工作的领导、坚持开放交流和独立自主等重要的科技思想。而这一科技思想也在中国多年的实践中得以论证，更是推动我国新时代经济高质量发展和建设科技强国的不竭动力。

关键词：邓小平；科技思想；时代价值

一、邓小平科技思想的提出背景

中华人民共和国成立以来，在中国共产党的领导下，中国科技水平得到了长足的进步，但与当时世界发达水平相比，仍有较大的差距。特别是在"文革"十年动乱期间，我国科技事业遭受严重破坏，严重阻碍了中国科技的发展，也使得中国错过了宝贵的发展机遇。"文革"过后的中国，科学水平落后，科技力量薄弱，生产技术水平低下，科技人才严重缺乏，对科学技术轻视、蔑视的不良风气广泛存在，中国科技事业要想尽快得以恢复与发展，急需尽快拨乱反正。

---

① 作者系马克思主义学院 2018 级硕士研究生。

此时，第三次全面复出的邓小平同志，高瞻远瞩地看到科学技术对于经济发展、建设四个现代化的重要作用，并在 1978 年全国科学大会上发表了一系列关于科技思想的重要论述，这标志着邓小平同志科技思想的基本形成。在邓小平科技思想的引领下，中国科技事业在短时间内呈现出生机勃勃的状态，工作秩序迅速恢复，各项科研机制得以健全，中国迎来了"科技的春天"。

二、邓小平科技思想的主要内容

在 1978 年全国科技大会上，邓小平同志强调："四个现代化，关键是科学技术的现代化；科学技术是生产力；知识分子是工人阶级的一部分；要建设宏大的又红又专的科学技术队伍；搞好教育改革；实行党委领导下的所长负责制。"① 这次讲话内容形成了邓小平科技思想的基本内涵，主要包括以下四个方面：

（一）科技战略观

邓小平同志作为中国社会主义改革开放和现代化建设的总设计师，敏锐地洞察到科技在现代化建设中的重要作用，他强调："四个现代化，关键是科学技术的现代化。没有现代科学技术，就不可能建设现代农业、现代工业、现代国防。没有科学技术的高速度发展，也就不可能有国民经济的高速度发展。"② 在讲话中，他确立了科学技术发展的重要战略地位，将其视为实现四个现代化的关键。此外，邓小平同志充分肯定了"生产力中也包括科学"这一马克思的思想，③ 并在此基础上，提出了"科学技术是第一生产力"的重要论断。

在"科学技术就是第一生产力""四个现代化，关键是科学技术现

---

① 邓小平：《邓小平文选》第 2 卷，人民出版社，1994，第 85—100 页。
② 邓小平：《邓小平文选》第 2 卷，人民出版社，1994，第 86 页。
③ 中共中央马克思恩格斯列宁斯大林著作编译局：《马克思恩格斯全集》第 46 卷下册，人民出版社，1980，第 211 页。

代化"等重要论述提出后，我国科技发展逐步推进，得以快速发展，一大批国家重点项目、重点工程陆续开展，国家工业化和信息化也取得了长足进步，尊重科学、尊重人才也日益成为社会共识。此后，随着科技体制改革"星火计划"、科教兴国战略、建立创新型国家等科技政策的相继出台，我国产业竞争力和科技竞争力得到了有效提高，科学技术已成为中国发展的强大动力源泉。

（二）科技人才观

邓小平的科技人才观可以从三个方面进行论述：首先，他强调，"知识分子已经是工人阶级自己的一部分"，[1] 对"文革"时期将脑力劳动和体力劳动的分工歪曲成阶级对立的错误想法进行了拨乱反正，提出科技人才亦是社会主义建设的劳动者，确立了科技工作者也是工人阶级重要组成部分的阶级属性。这一重要观点的确立，从思想根本上，为科技人才和科学技术的发展扫清了障碍，有效推动了"尊重知识、尊重人才"的良好社会氛围的形成。

其次，要建设强大的科技人才队伍。"我们向科学技术现代化进军，要有一支浩浩荡荡的工人阶级的又红又专的科学技术大军，要有一大批世界第一流的科学家、工程技术专家。造就这样的队伍，是摆在我们面前的一个严重任务。"[2] "文革"十年动荡，科技人才遭受重大损失，可谓青黄不接，此时，建设科技人才队伍已成为科技发展的重要内容。邓小平同志强调，建立又红又专的科学技术大军，并不代表着科技人才每天要学习大量的政治内容，只要他们坚持正确的政治立场，在自己的岗位上兢兢业业、刻苦钻研、精益求精，就应该受到认可和表扬，也是有社会主义觉悟的重要表现。

最后，要给科技人才提供良好的生活工作条件。"为科研工作者和

①　邓小平：《邓小平文选》第 2 卷，人民出版社，1994，第 89 页。
②　邓小平：《邓小平文选》第 2 卷，人民出版社，1994，第 91 页。

教育工作者创造条件，使他们能够专心致志地从事科研、教育工作。要调动科学和教育工作者的积极性，光空讲不行，还要给他们创造条件，切切实实地帮助他们解决一些具体问题。例如提供资料，搞好图书馆，购置实验器材、设备，建设工厂、食堂等。"① 建立宏大的科技人才队伍，就要吸引更多的人才投身到科学研究中来，这就需要为科技人才提供基本的后勤保障，改善物质待遇，给予相应职称等，解除他们的后顾之忧。

（三）科技教育观

邓小平同志强调，发展教育是培养科学家人才的基础。二战之后，和平与发展已成为时代的潮流，在这种情况下，国家综合实力的竞争归根到底是人才的竞争。但长期以来，我国科学知识的普及和科技人才的培养较为落后，全民科学素质普遍较低，而要想从根本上改变这一情况，就要大力发展教育，特别是青少年全体的教育，提高全民族的科学技术素养，努力将我国沉重的人口负担转变为人口红利，从而实现人力资源的优势。此外，教师作为培养人才的重要主体，理应受到国家和人民的尊重，"要关心他们的政治生活、工作条件和业务学习"。②

（四）科技制度观

邓小平同志的科技制度观包含以下两个方面：一方面，要坚持党对科技工作的领导。他认为："能不能把我国科学技术尽快搞上去，关键在于我们党是不是善于领导科学技术工作。"③ 党的领导，既要抓好政治引领，保证正确的政治方向；又要做好组织工作，充分调动大家的积极性，知人善用，建立所长负责制和技术责任制，使工作得到充分落实；也要做好科技工作的后勤保障，创造良好的生活和工作条件，解除科技工作者后顾之忧。

---

① 邓小平：《邓小平文选》第 2 卷，人民出版社，1994，第 56 页。
② 邓小平：《邓小平文选》第 2 卷，人民出版社，1994，第 95 页。
③ 邓小平：《邓小平文选》第 2 卷，人民出版社，1994，第 96 页。

另一方面，在发展科技上，既要独立自生，自力更生，也要加强国际交流，学习国外的先进技术。中国科技的发展，首先必须坚持独立、坚持自主，才能在世界科技之林有一席之地。但这并不等同于闭门造车，科学技术是人类共享的财富，"我们不仅因为今天科学技术落后，需要努力向国外学习，即使我们的科学技术赶上了世界先进水平，也还要学习他人的长处"。① 科技开放是改革开放的重要组成部分，引进先进的技术与设备，学习科学的管理经验和技术，对于促进我国经济发展具有重要的意义。开放不是暂时的，而是需要长期坚持和深化的。只有将深化改革开放与坚持独立自主相结合，才能实现我国科学技术不断发展。

三、邓小平科技思想的时代价值

邓小平同志关于科技的一系列思想，已经深深地印刻到我国经济发展、社会物质文明、社会精神文明等各个方面，是经过我国多年发展实践印证的正确的思想。目前的中国，已迈入新时代，有着更大的历史机遇，也面临着重大挑战，站在新起点，肩负新任务，面对新未来，我们要继续发扬邓小平科技思想的时代价值，为实现中华民族伟大复兴的中国梦提供不竭动力。

邓小平科技思想的时代价值体现在以下几方面：

（一）有利于实现经济高质量发展

如今，我国经济正由高速增长转向高质量增长，而科技作为转型的重要抓手，有着时代赋予的特殊使命和历史重任。自十八大以来，党和中央高度重视科技创新工作，习近平总书记继续坚持邓小平同志"科学技术是第一生产力"的重要论述，并多次强调抓住了创新，就抓住了牵动经济社会发展全局的"牛鼻子"。可见，当今的经济社会发展，

---

① 邓小平：《邓小平文选》第 2 卷，人民出版社，1994，第 91 页。

离不开科技创新。

以科技为重要抓手，推动经济高质量发展，是新时代贯彻落实新发展理念的需要，也是破解当前经济发展中存在的问题和矛盾的关键，还是实现发展方式转变的重要突破口。（1）推动科技创新，实现创新发展。随着社会的发展，人民的生活水平不断提高，人民对于产品的需求更加多样化和前沿化，必须用科技创新推动企业研发，实现创新发展和产业升级。（2）推动科技创新，实现协调发展。目前，我国在高铁、5G、电网等领域已处于世界领先地位，但在芯片、高精度设备与仪器、基础材料等方面仍存在诸多短板，只有通过科技助力，才能补齐短板，实现协调发展。（3）推动科技创新，实现绿色发展。"绿水青山，就是金山银山"，要想实现绿色发展，就要通过科技研发，促进低碳、清洁能源、清洁产业等的发展，实现在保护中发展，发展中保护。（4）推动科技创新，实现共享发展。进一步推动大数据、互联网、人工智能等信息技术的发展，创建共享数据库，打破"孤岛现象"，实现共享共建的良性互动。（5）推动科技创新，实现开放发展。通过不断提升科技竞争力来提高国家综合实力，在世界之林中掌握话语权和主动权，并以科技发展为契机，推动"一带一路"等沿线国家的合作与交流。

（二）有利于推动世界科技强国建设

科技兴则国家兴，科技强则国家强。新时代的中国，正处于由富起来迈向强起来的关键时刻，而科技强国的实现毋庸置疑已成为强起来的重要标志。打造科技强国，就要一以贯之地发扬邓小平的科技思想，充分发挥其时代价值。

打造科技强国，就要发挥科技在现代化建设中的重要作用，始终坚持"科学技术是第一生产力"的重要思想，走好科技创新的先手棋，占领先机，赢得优势；打造科技强国，还要重视科技人才的重要作用，对于有着突出贡献的科技工作者，要给予表扬，并广泛宣传，在社会中广泛营造"尊重知识、尊重人才"的良好氛围；打造科技强国，也要重视科技人才的培养教育工作，当代青少年是祖国的未来，更承担着实现中华民族伟大复兴的重任，因此，要想实现科技强国，就要加强对青少年的科学技术素养的培育，为我国科技事业发展输送源源不断的人才；打造科技强国，更要党做好引领工作，既要把握政治方向，还要进行高效的组织分配，也要切实做好后勤保障工作，使科学人才沉下心来，一心一意搞研究；打造科技强国，就要坚持开放交流和独立自主，在开放交流中学习他国先进经验，共享科技成果，同时更要独立自主，掌握核心技术。

（本文获北京体育大学马克思主义学院 2020 年度"拥抱经典每日打卡读书活动"优秀论文一等奖）

《论十大关系》写作背景、内容综述及时代价值研究

杨良子①

摘要：《论十大关系》是毛泽东同志于 1956 年结合中华人民共和国建国初期的实际国情，针对对于社会发展具有重要影响意义的十大关系分别进行详细的分析和探讨所撰写的重要著述。《论十大关系》不仅为我国社会主义建设事业奠定了重要理论基础，有着不可忽视的理论意义和现实意义，而且对于我国改革开放事业和中国特色社会主义新时代建设也具有十分重要的时代价值。

关键词：论十大关系；毛泽东；写作背景；意义；时代价值

一、《论十大关系》的写作背景

（一）《论十大关系》成文的历史背景

《论十大关系》是毛泽东于 1956 年 4 月 25 日在中共中央政治局的扩大会议上所作的讲话，并于 1976 年 12 月 26 日公开刊发于《人民日报》。它是一篇极具中华人民共和国建国初期和社会主义建设时期时代特色的经典著述，亦是中华人民共和国成立之初特殊历史背景下的重要理论产物。

---

① 作者系马克思主义学院 2019 级硕士研究生。

对于建国初期的中华人民共和国而言，1956 年无疑是一个具有非凡意义的历史节点。在这一年，中华人民共和国第一个五年计划进展顺利，硕果累累，自"一五"计划开始实施起，三年来的经济建设实践为我国的社会主义建设事业积攒了一定的经验；以农业、手工业和资本主义工商业为工作重点的社会主义三大改造也卓有成效，且即将顺利完成将生产资料私有制改造为社会主义公有制的历史任务。不过，此时中国的社会主义建设模式主要参考苏联的经验，虽然整体上看效果显著，经济发展较快，人民生活水平较之前也有了一定程度的改善，但是很多问题和弊端也逐渐暴露出来，"如统得太死，市场上的货物不够，货币不稳定等"。① 同年 2 月，赫鲁晓夫在苏联共产党第二十次代表大会上对彼时刚刚逝世不久的斯大林进行了全盘否定，使得当时世界社会主义阵营国家和国际共产主义运动受到巨大的震动和影响。中国共产党人也因此对苏联社会主义制度模式的弊端有了更为深刻的认识，并将其作为社会主义建设实践中十分重要的教材和前车之鉴来学习。在这样的历史条件下，如何探索出一条符合中华人民共和国国情和中国社会主义建设发展实际需要的道路就成了中国共产党人必须尽快回答的一个问题。以上即是《论十大关系》一文产生的主要时代背景和历史条件。

（二）《论十大关系》成文的主观条件

为了探索出新中国社会主义建设的科学的、正确的道路，以毛泽东同志为核心的中国共产党第一代领导集体成员自 1956 年 2 月起，在长达 2 个多月的时间里先后听取了国务院 30 余个部委关于当时国内经济建设问题调查研究的汇报，对当时中国工业、农业、商业、交通运输业等领域建设的实际情况进行了全面、深入的了解和调查。在此基础上，毛泽东将各领域、各方面的建设情况进行了充分的分析和汇总，最终将

---

① 刘娟：〈论十大关系〉：中国特色社会主义道路探索的历史起点，《湖湘论坛》2016 年第 6 期。

其概括总结为十组关系，并在与其他中共中央政治局成员进行反复讨论、探讨后，于同年 4 月 25 日在中共中央政治局扩大会议上发表了题名为《论十大关系》的讲话。他于 5 月 2 日在最高国务会议中再次对"十大关系"进行详细阐述。在同年 9 月召开的中国共产党第八次全国代表大会上，正确处理十大关系的思想成了出现在八大政治报告等文件之中的指导思想。这是《论十大关系》一文产生的重要主观条件。在当时的时代背景下，为提出新中国"自己的建设路线"，以毛泽东、刘少奇、周恩来和陈云为代表的中国共产党人所做出的卓绝努力和进行的艰辛探索是毋庸置疑的。

二、《论十大关系》的主要内容

《论十大关系》一文的结构和条理十分清晰，主要由对十个问题，也就是十大关系的论述组成。这十大关系按照文中的先后顺序分别为"重工业和轻工业、农业的关系""沿海工业和内地工业的关系""经济建设和国防建设的关系""国家、生产单位和生产者个人的关系""中央和地方的关系""汉族和少数民族的关系""党和非党的关系""革命和反革命的关系""是非关系""中国和外国的关系"。

（一）第一至五组关系：社会主义经济建设领域所存在的问题和解决之道

不难看出，在上述十大关系中，前五组关系属于经济建设领域。在这一部分，毛泽东通过对当时中国实际国情进行剖析，对经济建设事业做出了诸多重要论述。他指出新中国应该适当调整重工业、农业和轻工业的投资比例，促进农业、轻工业快速发展，但依旧要以重工业为投资重点；要调整沿海工业和内地工业的平衡性，改变在之前很长一段时期内对沿海地区工业发展的片面认识，不应因为担心战争再次爆发就对其采取消极的态度，应给予沿海工业以更多的重视，利用好沿海工业较厚的基础和底蕴；经过几年的努力，我国的国防军事工业有了一定的发展，但是仍然有着很大的进步空间，应当适当调整军政费用支出和经济建设费用支出的比例，适度减少前者，增加后者，从而从根本上提升我国军事工业生产力，这样才能使国防建设取得更为长足的进步；要兼顾经济生产的各个主体、各个方面，制定并推行适宜的政策来保障工农阶级利益，充分调动工人、农民等主体的生产积极性和劳动效率，处理好党和政府同工农阶级之间的关系，还要使"各个生产单位都要有一个与统一性相联系的独立性"①；要注重中央与地方之间的关系。在当时的中国若要解决这一矛盾，需要在中央统一领导的前提下适当扩大一些地方的权力，这样可以给地方以一定的机动权和自由度，使其可以结合自身特点，抓住矛盾的特殊性因地制宜进行经济建设。中央和地方都要发展工业，后者可以协助前者，前者也应注意重视后者的利益。应该说，毛泽东在这五个方面所作的论述是对当时我国社会主义经济建设所面临的问题和存在的矛盾进行的一次全面总结与阐述，亦是对新中国社会主义改造完成后党领导人民群众进行社会主义经济建设提出的全面、详尽的方案和殷切的期望。

（二）第六至十组关系：政治生活和对外交流等领域的问题及对策

毛泽东在第六组至第十组关系中主要围绕政治和外交这两个主题进行论述。他提出在当时的时代背景下，要重点反对大汉族主义，注意检查汉族与少数民族之间的关系并及时处理其中存在的问题，"巩固各民族的团结，来共同努力于建设伟大的社会主义祖国"②；民主党派的存在具有必要性，共产党和民主党派之间要长期共存、互相监督，它们的存在都具有社会历史性，必须坚持并加强无产阶级专政，必须反对官僚主义，精简党政机构并积极进行统战工作；反革命是消极因素，但是其中一些现阶段反革命的人群在日后很可能会有不同程度的转变，要继续

---

① 毛泽东：《毛泽东文集》第7卷，人民出版社，1999，第29页。
② 毛泽东：《毛泽东文集》第7卷，人民出版社，1999，第34页。

坚持清查工作，在对其进行改造时要注重方式方法，切勿滥杀无辜；无论是在党内或是党外都要分清是非曲直，对待犯了错误的人要坚持采取"惩前毖后，治病救人"这个对于团结全党而言具有必要性和重要作用的方针，采取正确的思想政治工作方法帮助其改正错误；在对外交流和外交政策上，"向外国学习"口号的提出是正确的，要有分析和批评性地借鉴和学习一切民族、国家的优点和长处，"对于苏联和其他社会主义国家的经验，也应当采取这样的态度"①，要学习马克思主义中属于普遍真理并能与中国具体实际相结合的部分，不能搞教条主义。在自然科学部分，学习外国先进经验也不能盲目，而是要批判性地学习那些"我们现在还没有，还不懂"的部分②，同时要坚决抵制外国资产阶级的一切腐朽之物。中国过去曾长期是被帝国主义侵略的殖民地，以及"我们的革命是后进的"③，即"一穷二白"是新中国的两个缺点，但又是优势之处，因为这意味着新中国就像一张崭新的白纸，还有着很大的提升和进步的空间，有利于新中国谦虚地向外国学习。

在这篇文章的最后，毛泽东引用唯物辩证法中矛盾论的思想观点，指出"世界是由矛盾组成的"④，"我们的任务，是要正确处理这些矛盾"⑤，对于是否能处理好这些矛盾要做好两手准备，在之后的工作中一定还会遇到新的矛盾和问题，但是要坚定地相信"道路总是曲折的，前途总是光明的"这一真理。⑥ 他还提出了要努力调动一切积极因素，"把我国建设成为一个强大的社会主义国家"的要求和期望。⑦

---

① 毛泽东：《毛泽东文集》第7卷，人民出版社，1999，第41页。
② 毛泽东：《毛泽东文集》第7卷，人民出版社，1999，第42页。
③ 毛泽东：《毛泽东文集》第7卷，人民出版社，1999，第43页。
④ 毛泽东：《毛泽东文集》第7卷，人民出版社，1999，第44页。
⑤ 毛泽东：《毛泽东文集》第7卷，人民出版社，1999，第44页。
⑥ 毛泽东：《毛泽东文集》第7卷，人民出版社，1999，第44页。
⑦ 毛泽东：《毛泽东文集》第7卷，人民出版社，1999，第44页。

三、《论十大关系》的理论意义、现实意义和时代价值

（一）《论十大关系》的理论意义与现实意义

诚然，与毛泽东的很多代表性著述相比，《论十大关系》的篇幅相对较短，但这丝毫不能影响这篇文章的重要意义和对中国社会主义建设事业所产生的巨大影响。《论十大关系》一文不仅是对自中华人民共和国建国起至 1956 年初我国社会主义改造和建设的经验的总结，也明确提出了探索一条真正适合新中国实际国情的社会主义建设道路的任务。它标志着新中国进行独立探索适合自己的社会主义道路的开端，同样也是中国共产党开始比较系统地领导广大中国人民探索中国的社会主义建设道路的开端。自从"十大关系"被提出后，我国在社会主义建设的实践中不再直接挪用苏联等社会主义国家的具体经验，而是真正开始"摸着石头过河"，积极进行实践，去探索和寻找一条最符合中国实际情况、最适合中国社会主义建设需要的道路。同时，《论十大关系》也体现出当时的毛泽东在经济、政治和外交等方面的基本原则和一系列思想观点，凝聚着中国共产党第一代领导集体的智慧。

在 20 世纪 50 年代，"十大关系"这一正确思想在被提出后改变了人们对各类、各地、各级工业发展，各生产主体之间的关系，民族关系，共产党和民主党派之间的关系，思想政治工作方法以及对外交流等领域的诸多问题的看法及观点，对于当时我国的社会主义建设也起到了推动作用。虽然在 1957 年之后，由于种种原因，《论十大关系》中的很多正确观点没能继续得以被人们运用于生活生产实践中去，但是这篇文章在 20 世纪 50 年代的中国社会所起的积极作用及其重要的现实意义是不应该被忽视和忘却的。

（二）《论十大关系》在中国特色社会主义新时代背景下的时代价值

经过了 70 余年苦难与辉煌的峥嵘历程，中国特色社会主义如今已

经进入了新时代。与过去相比，当今中国已然有了翻天覆地的变化，各行各业均取得了突飞猛进的进步，生产力水平和人民生活水平均有了明显提高，综合国力日益增强，国际地位显著提升，社会主要矛盾也有了新的变化。但是随着时代的变迁和社会的发展，一些新的问题和矛盾也涌现出来并亟待解决。《论十大关系》中的很多思想原则对于解决改革开放新时期和中国特色社会主义新时代的矛盾与问题有着重要的借鉴和参考作用。

从宏观层面上而言，正确运用唯物辩证法中的矛盾分析法，坚持从实际出发、实事求是并积极发挥自身主观能动性来应对社会发展中出现的矛盾和问题，是《论十大关系》中新时代社会主义建设发展必须学习和借鉴的思想原则与理论精髓。在《论十大关系》全文中，毛泽东结合中国国情，对矛盾分析法进行了正确运用，他在抓住生产力和生产关系这一组基本矛盾的基础之上，对当时我国社会存在的十组矛盾关系一一进行论述，并对人类社会和社会主义社会发展中的普遍矛盾与中国的社会主义发展中存在的特殊矛盾加以区分和阐述。毛泽东在撰写《论十大关系》一文前所进行的调查研究，和他在文中结合当时中国经济、政治等方面的实际发展情况所提出的不能照搬苏联建设发展模式，必须走出一条中国自己的建设之路等观点充分体现了毛泽东对于坚持从实际出发、实事求是这一方法论的深入认识。同时，他在文中明确指出要充分调动一切积极因素，依靠人民群众，充分发挥人自身的主观能动性来建设社会主义，这不仅体现了毛泽东对唯物辩证法认识论部分的全面、正确的认识与运用，也彰显了他和全体共产党人的人民史观。在新时代，我国的社会主义建设仍然要在重视和把握好生产力和生产关系之间矛盾的基础上，对新的历史条件下我国社会的主要矛盾及矛盾的主要方面进行正确分析并集中力量进行解决。在进行新时代中国特色社会主义建设时，《论十大关系》中的实事求是和积极发挥主观能动性的思想观点仍是我们必须学习和坚持的科学方法论，而我国推进改革开放和社会主义现代化建设的根本目的——"发展为了人民、发展依靠人民、发展结果由人民共享",亦是在新的历史时期对中国共产党人一向坚持的历史唯物主义观点、人民史观的继承和发展。可以说,对于新时代我国社会主义现代化建设而言,《论十大关系》是一本常读常新的马克思主义世界观与方法论的优秀教科书,它指导党领导人民运用正确理论看待矛盾、解决问题。

从微观角度来看,对于社会主义现代化建设的各个领域而言,在经济领域,经过改革开放40余年的发展,各行各业取得了一个又一个里程碑式的、举世瞩目的成就,但也出现了诸多新的问题和挑战。毛泽东在《论十大关系》中所强调的调整各个行业财政支出比例、平衡各个地区工业发展、保障劳动者利益、适度调节中央和地方关系等问题和解决措施对于当今中国发展有着巨大的启示作用。目前,中国的东部城市经济发展较快,而中西部地区和广大农村则相对落后;一些行业中劳动者权益受损害的事件也时有发生,有些地区经济发展的因地制宜程度不够,计划经济时期的一些思想观念和实际问题也依旧存在,《论十大关系》中处理经济领域矛盾问题的思想原则和方法对于解决上述这些问题和挑战而言是十分重要的依据和参考。

在政治和外交等领域,目前中国特色社会主义道路、理论、制度文化等方面均已取得了巨大的成就,并将继续不断发展,中国的成功也为当今世界上既希望加快发展同时又希望保持自身独立性的发展中国家与民族提供了可供参考和选择的全新"中国方案"。但随着历史的发展和国内外形势的变化,"中国方案"在不断迎来新机遇的同时,也面临着一些新挑战。在《论十大关系》中,毛泽东所阐述的民族团结问题,多党合作、政治协商问题,思想政治工作问题和对外交流问题在新时代仍然具有重要价值。随着经济的发展和对外开放水平的不断提高,近年来我国一些边疆地区由于受到别有用心的境外势力的挑拨,产生了一些民族矛盾冲突,互联网的高速发展也在客观上导致了某些负面思潮萌生甚至泛滥。甚至在新冠肺炎疫情等状况出现后，一些人心中出现了地域歧视、盲目排外等错误思想。这些负面状况是新时代背景下党领导人民进行社会主义现代化建设时所要解决的问题和矛盾，也是思想政治教育工作者们需要关注的工作重点，而《论十大关系》正像一座巨大的宝库，满载着可供人们汲取并运用于实践工作中的伟大思想和智慧。

参考文献：

［1］毛泽东.毛泽东文集（第七卷）［M］.北京：人民出版社，1999.

［2］中共中央党史研究室.中国共产党历史（第二卷）［M］.北京：中共党史出版社，2011.

［3］刘娟.《论十大关系》：中国特色社会主义道路探索的历史起点［J］.《湖湘论坛》，2016（6）.

（本文获北京体育大学马克思主义学院2020年度"拥抱经典每日打卡读书活动"优秀论文一等奖）

革命时期中国红色政权的存在和发展

李轹蔚①

摘要：大革命失败后，中国革命形势陷于迷雾之中，不仅有党外白色恐怖的氛围压迫，党内的许多同志也都对革命前途产生了动摇。在毛泽东率领部队登上井冈山之后，党内有的同志甚至发出了"红旗能打多久"的疑问。为了回答党内外同志的疑问，增强大家革命的信心，毛泽东正确分析了国内革命形势，于井冈山上写下了《中国的红色政权为什么能够存在》《井冈山的斗争》和《星星之火，可以燎原》等著作。这些作品正确分析了中国的革命形势，论证了中国红色政权存在的原因和发展的条件，同时也是马克思理论运用于中国实践的突破性结果。

关键词：红色政权存在；红色政权发展；毛泽东思想

1925 年，国民革命兴起，统一战线中争夺革命领导权的斗争日益激化。新形势的出现，迫切要求中国共产党人对中国革命前途的基本问题——革命领导权、动力、对象及革命前途等有清醒的认识，并做出马克思主义的回答。毛泽东于 1925 年 12 月写成了《中国社会各阶级的分析》一文。这篇文章在当时获得了很高的评价，甚至被翻译成俄语在

---

① 作者系马克思主义学院 2018 级本科生。

苏联传播。这篇文章作为毛泽东第一篇影响力较强的文章，被收录进了《毛泽东选集》，并被列为该选集的开篇之作。《毛泽东选集》收录了毛泽东许多篇著作，除了《中国社会各阶级的分析》，给我留下深刻印象的还有《中国的红色政权为什么能够存在》以及《星星之火，可以燎原》两篇文章。这两篇文章一篇是"工农武装割据"思想的重要来源，是毛泽东思想开始形成的一个标志以及马克思主义中国化的里程碑，阐述了中国红色政权存在的条件和原因；另一篇则是基于对中国革命实情的合理分析，说明了中国红色政权发展的条件，同时预测了中国革命发展的高潮即将到来。这两篇文章对于当时的革命形势都有着精准的分析，透过这两篇文章，我们可以看到中国红色政权存在和发展的轨迹。

一、从《中国的红色政权为什么能够存在》看中国红色政权存在的条件与原因

《中国的红色政权为什么能够存在》写于 1928 年 10 月 5 日。1927年 9 月，秋收起义失败后，毛泽东率领部队登上井冈山，从此开辟了农村革命的道路。但大的局势是，全国范围内反革命的力量压倒了革命的力量，革命形势暂时转入低潮。在革命队伍里，一部分人对革命的前途丧失了信心，有些人甚至提出了"红旗到底能打多久"的疑问。针对这种情况，毛泽东同志写了这篇《中国的红色政权为什么能够存在》，在总结井冈山革命根据地武装斗争经验的基础上，论证了共产党领导的红色政权一定能够存在下去，指出了红色政权存在的原因和条件，说明中国的革命一定会逐步取得胜利的前途。

此时的形势是，国内大革命失败，中国共产党被白色恐怖的氛围包围着。因此，正确分析国内的阶级斗争和革命形势是当时的一件头等大事。但中国共产党内部的领导者们却对革命形势等问题的看法存在着重大的原则性分歧。首先以陈独秀为代表的右倾机会主义者认为，中国革命应该分为两段，资产阶级完成推翻封建主义和帝国主义的任务，无产阶级则应该等待资产阶级成功后推翻资产阶级，进行社会主义革命，而在资产阶级革命阶段，无产阶级则不应该掌握权力。而另一方面，则是在七一五"分共"后，一些领导人看到受到屠杀政策影响而损失惨重的中国共产党，感到愤怒，认为大革命失败了，但中国革命的形势却是在"不断高涨"的，他们反对退却，要求暴动和进攻。在这两种路线的影响下，毛泽东冷静地分析了局势，指出中国民主革命的基本内容是：推翻帝国主义及军阀在中国的统治，完成民族革命，并实行土地革命，消灭豪绅阶级对农民的封建剥削。而这样的中国革命，并不是陈独秀的两段式革命："中国迫切需要一个资产阶级的民主革命，这个革命必须由无产阶级领导才能完成。"[①] 他提出了新民主主义革命，即无产阶级领导的资产阶级革命。这样的新民主主义革命是一件"奇事"："一国之内，在四围白色政权的包围中，有一小块或若干小块红色政权的区域长期地存在，这是世界各国从来没有的事。这种奇事的发生，有其独特的原因。而其存在和发展，亦必有相当的条件。"[②] 在这样复杂的国内形势下，中国红色政权存在和发展的原因有四点：第一，它的发生必然是在帝国主义间接统治下的经济落后的半殖民地半封建的中国，地方性的农业经济和帝国主义划分势力范围的分裂剥削政策，造成了白色政权间的长期的分裂和战争，使革命力量有机可乘。第二，中国红色政权首先发展并能够长期存在的地方，是在民主革命过程中工农群众曾经大大地起来过的地方，是受革命洗礼的地方，红色政权易于首先在这里发生并能够长期存在。第三，中国革命形势向前发展，引起中国革命的矛盾没有解决，中国的红色政权就会长期存在。第四，相当力量的正式红军的存在，是红色政权存在的必要条件。只有地方性质的武装卫队不能对付正式的白色政权。

---

① 毛泽东：《毛泽东选集》第 1 卷，人民出版社，1991，第 47 页。

② 毛泽东：《毛泽东选集》第 1 卷，人民出版社，1991，第 48 页。

这是中国红色政权存在和发展的条件。正是由于形势的复杂，中国的新民主主义革命才能在曲折中开始发展。同时，毛泽东同志不同意现在是革命的高潮阶段，认为要一鼓作气完成革命，更要反对报仇情绪的蔓延。他认为现在的革命形势处于两个高潮之间，有必要要求革命组织有秩序地退却，努力地争取群众，以准备新的革命高潮的到来。同时，毛泽东同志明确提出了中国革命的重心应当转移到农村，建立农村革命根据地，深入地发动农民群众，开展武装斗争，执行以农村包围城市最后夺取城市的战略方针。这种思想就是"工农武装割据"的思想，而之后的《星星之火，可以燎原》等文章，则正确地回答了农村革命根据地之所以能够存在和发展的科学理论。

二、从《星星之火，可以燎原》看中国红色政权发展的条件与原因

中国革命究竟应该走什么道路？红色政权能否长期存在和发展？在毛泽东率领部队登上井冈山之后，这个问题便成了更加尖锐和亟待解决的重要问题，否则，我们就不能前进一步。在1928年的下半年，毛泽东写了《中国的红色政权为什么能够存在》和《井冈山的斗争》两篇文章，但党内仍有部分同志，对于脱离大部队、违背中央指示的放弃大城市转向农村的策略存有疑惑，甚至提出了"红旗能打多久"的尖锐问题，如若处理不好这个矛盾，这支尝试在农村开辟根据地的部队将会人心涣散、难以为继。《星星之火，可以燎原》一文，原是毛泽东回给林彪的一封信，同时也是回答中国政权存在和发展的原因之问题。

毛泽东批评了党内一些同志的悲观问题，同时还指出："这种全国范围的、包括一切地方的、先争取群众后建立政权的理论，是于中国革命的实情不适合的。"① 中国半殖民地半封建社会的性质决定了中国统治阶级内部长期混战的怪事，而统治阶级虽然和帝国主义勾结，但他们

---

① 毛泽东：《毛泽东选集》第1卷，人民出版社，1991，第48页。

依然立足于中国落后的脆弱的社会经济组织之上，则"这些反动统治阶级的一切组织（政权、武装、党派等）也是弱的"①。毛泽东认为，我们不应该害怕，更不应该悲观。1927年的大革命失败给同志们带来的消极影响是很大的，一部分被清共的政策激怒，想要为死去的同志们报仇，热血上涌，一刻也等不了；另一部分则是对革命形势估计过于消极，却没有看到，虽然革命的主观力量大为削弱，但"星星之火，可以燎原"，"现在虽只有一点小小的力量，它的发展会是很快的"②。毛泽东清醒地认识到了这一点，同时坚信中国革命的下一个高潮即将到来。

此时的国内形势并不乐观，对于红军的"围剿"在1928年到1939年已经发生了很多次。但毛泽东分析认为，对反革命力量的分析也绝不能看表面，如果分析他们的实质，则会发现，"其实，那时英、美、日在中国的斗争已到十分露骨的地步，蒋、桂、冯混战的形势业已形成，实质上是反革命潮流开始下落，革命潮流开始复兴的时候"③。反动派的最大特点就是如《中国的红色政权为什么能够存在》里所分析的那样，不同的帝国主义在中国都想分一杯羹，白色政权相互斗争之时，中国的红色政权反而能在夹缝中求得生存，韬光养晦，以积攒自身力量。所以虽然反动派对于共产党有攻击，但他们毕竟都是为了自己的利益进行的联合，看上去力量壮大，其实不必过于担忧。而革命力量，则是"中国是全国都布满了干柴，很快就会燃成烈火。'星火燎原'的话，正是时局发展的适当的描写"。④

毛泽东在这篇文章中运用唯物辩证法，科学地分析了国内政治形势和敌我力量对比，批判了夸大革命主观力量的盲动主义和看不到革命力

① 毛泽东：《毛泽东选集》第1卷，人民出版社，1991，第50页。
② 毛泽东：《毛泽东选集》第1卷，人民出版社，1991，第50页。
③ 毛泽东：《毛泽东选集》第1卷，人民出版社，1991，第52页。
④ 毛泽东：《毛泽东选集》第1卷，人民出版社，1991，第53页。

量发展的悲观思想，同时明确提出了农村包围城市、武装夺取政权的思想。同时他自信地指出，中国革命高潮即将到来，这建立在工农红军发展壮大的基础上。要促进全国革命高潮、促进中国红色政权的发展，就要在广大农村建立和巩固红色政权，坚持农村中心论，发展革命根据地。同时虽然我们暂时放弃了大城市，战斗的策略也有所改变，但战争的根本目的就是消灭敌人的有生力量，发展自身的力量，不在意一城一地的损失。所以毛泽东同志又在这篇文章中指出了"分兵以发动群众，集中以应付敌人""敌进我退，敌驻我扰，敌疲我打，敌退我追"的新战术①。虽然和古今中外的战术都不同，但它适用于新革命形势下的中国。

《星星之火，可以燎原》一文，作为对"红旗能打多久"之问的回答和中国的红色政权为什么能够存在之问的延伸回答，阐述了革命力量发展的必然性的条件，是毛泽东农村包围城市、武装夺取政权思想的正式形成，也是对于马克思关于武装夺取政权理论的一个重大发展。

《中国的红色政权为什么能够存在》和《星星之火，可以燎原》两篇文章虽写在不同的时间，但两篇文章贯穿起来，却可以看到在当时复杂的革命形势之下，毛泽东是如何摒弃杂乱、悲观的思想，拨开重重迷雾看到中国革命的真正发展形势的。中国红色政权的存在和发展条件，在这两篇文章里有了细致的阐述，而毛泽东关于马克思主义中国化的思想也初露苗头。在违抗中央命令、擅自转战农村的井冈山斗争时期，在革命形势艰难而又复杂的大环境下，毛泽东能看到中国红色政权发展的真正趋势，并且坚定自己的思想，正确将马克思主义和中国具体国情开始结合，同时不为党内各种情绪所困扰，依然坚定自己的方向，写下这两篇流传千古的文章，足以让我们看到一代伟人的远大战略眼光与魄力。重读经典，依然为伟人的风采所折服，正是由于中国革命和中国红

---

① 毛泽东：《毛泽东选集》第 1 卷，人民出版社，1991，第 47 页。

色政权的领导者是这样一位人物，所以即使经历再多的曲折我们也一定会走向胜利。

参考文献：

［1］毛泽东.《毛泽东选集》第一卷［M］.北京：人民出版社，2008.

［2］中共中央党史研究室.《中国共产党的九十年》［M］.北京：中共党史出版社、党建读物出版社，2016.

（本文获北京体育大学马克思主义学院 2020 年度"拥抱经典每日打卡读书活动"优秀论文一等奖）

列宁的灌输理论及其当代价值

——基于《怎么办》的文本分析

侯鑫磊①

摘要：灌输理论是列宁对马克思主义以及考茨基的灌输理论的继承和发展，在《怎么办》一文中，列宁阐述了为什么要灌输，怎样灌输以及灌输的主客体问题，指出要进行无产阶级革命首先要有革命的政治意识，而这种意识需要从外面灌输。灌输理论对于思想理论建设以及无产阶级革命都十分重要。如今，列宁的灌输理论对于当代的思想政治教育以及主流意识形态的发展也有十分重要的作用。

关键词：列宁；灌输理论；思想政治教育；意识形态

列宁的灌输理论虽然是指导无产阶级革命运动的有效方法，但是并不过时，对于进入新时代的中国，利用灌输理论进行思想政治教育以及坚持主流意识形态也有着重要的作用。

一、列宁灌输理论的产生背景

19世纪末，世界无产阶级运动进入了新的发展阶段，而俄国进入了无产阶级革命的阶段。1893年，俄国的社会民主党成立，列宁认为

---

① 作者系马克思主义学院2018级本科生。

社会民主党应当是主张社会革命的政党，而不是主张社会改革的政党。而伯恩斯坦否认阶级斗争理论，主张修正主义，试图将无产阶级革命政党进行改良。随后，以《工人事业》为代表的机关刊物，维护整个社会民主党中的机会派，要求机会主义在俄国社会民主党内实现自由。机会主义派别即经济派，主张工人运动自发地进行，同时进行经济斗争，试图将马克思主义庸俗化，宣传社会矛盾缓和论，忽视无产阶级革命运动，把工人运动和阶级斗争缩小为工联主义。列宁在流放回来以后，认识到伯恩斯坦修正主义、经济主义以及工联主义对俄国无产阶级革命政党的消极影响，这些思想动摇了无产阶级运动，试图用"合法马克思主义"的口号迷惑无产阶级政党。为此，列宁清醒地认识到："只有以先进理论为指导的党，才能实现先进战士的作用。"① 想要无产阶级有凝聚力，首先要用科学的理论武装他们的思想，杜绝形形色色的机会主义在思想上动摇他们的革命意志。而如何使无产阶级摒弃自发性的观念，如何使他们产生科学社会主义理论，则必须从外面灌输进去，使得无产阶级得以具备政治意识和阶级意识，更好地服务于无产阶级革命运动。

二、列宁灌输理论的核心内容

列宁在《怎么办》中，阐述了灌输理论中为什么灌输、怎样灌输以及灌输的主客体等问题。

（一）灌输理论产生的原因

列宁认为工人不可能有社会民主主义的意识，这种意识不可能自发地形成，只能从外面灌输进去。因为工人单靠自身的力量，也只能是形成工联主义的意识，而无法形成科学社会主义意识，"而社会主义学说

---

① 中共中央马克思恩格斯列宁斯大林著作编译局：《列宁选集》第1卷，人民出版社，1995，第312页。

则是从有产阶级有教养的人即知识分子中创造的哲学理论、历史理论发展起来的"。① 马克思阐述过，人们只有在满足衣食住行之后，才可能去考虑其他的事情。无产阶级本身因贫困被剥削，同时被剥削后更贫困，导致他们更多的时间都是努力去生存，而不是发展理论。正是如此，他们很容易被虚假的表面所迷惑，面对革命，他们很容易动摇。因此，这就需要具有思想觉悟的人去灌输理论并引导无产阶级，使他们逐渐拥有较高的觉悟以及学习到科学社会主义学说，以便于凝心聚力，投身于无产阶级的革命运动之中。

（二）灌输的内容及方法

灌输给无产阶级的主要内容应是科学社会主义学说，而最重要的是马克思主义理论以及无产阶级应具备的意识。学习科学社会主义学说，可以使无产阶级更清楚自己的使命，同时弄清楚资产阶级与无产阶级之间的矛盾，使得无产阶级坚定自己的立场，为着共同的目标而努力。

如何将科学社会主义学说灌输给无产阶级呢？要通过群众路线的方针，以及理论与实践相结合的方法去完成。列宁在《俄国社会民主党人的任务》中指出了使文化大众化的方法。要先在工人中间宣传鼓动，印发鼓动传单和宣言，训练有经验的鼓动员。但是这不代表放弃了农民阶级、小资产阶级，因为这是要先教育先进工人，工人又是同农民阶级与小资产阶级互相接触的，先进的工人学习到了先进的无产阶级领导的民主革命的文化，自然会自发地传播和动员到其他的阶级。实际上这就是通过群众路线来传播和互相学习文化，而这些无产阶级领导的民主革命的文化就包括马克思主义理论，由先进的知识分子灌输给有觉悟的工人，从而把他们训练成鼓动员，鼓动员再传播给其他人，这就是一种灌输的方法，在群众之间相互灌输，达到传播科学社会主义学说的目的。

---

① 中共中央马克思恩格斯列宁斯大林著作编译局：《列宁选集》第 1 卷，人民出版社，1995，第 317 页。

同时，"不要把我们的理论变成枯燥乏味的教条，不要光用书本子教他们理论，而要让他们参加日常的斗争"。① 强调理论与实践相结合，不要成为教条主义，这更是灌输的意义所在。

（三）灌输的主客体

灌输的主体即是知识分子。有着坚定的马克思主义信仰，同时能将马克思主义理论活学活用的知识分子，才能更好地将科学社会主义学说灌输给无产阶级。灌输的客体，最开始的一批应当是无产阶级，无产阶级的阶级属性是稳固的、不动摇的，在无产阶级意识坚定之后，也可以鼓动农民阶级、小资产阶级，可以使得具有两面性的阶级倒向无产阶级。无论主体还是客体，都不是一个单向的过程，需要双向互动。灌输的客体接受马克思主义理论以及无产阶级意识的过程，不应当是完全被动的，应当是主动地参与，因为在双向互动的过程中，才能真正地学习到科学社会主义鲜活的血液力量，并将学到的理论运用到实践之中。

列宁的灌输理论不仅适用于当时，而且还随着时代的发展与时俱进。毛泽东曾经也运用过灌输理论去推进马克思主义大众化，去指导中国共产党进行新民主主义革命。而今，我国在思想政治教育以及意识形态的统一性上，依旧离不开灌输理论，但是这种灌输理论不是教条的，而是鲜活的，有利于我国建设上层建筑，更好地为国家谋复兴。

三、灌输理论的当代价值

（一）灌输理论在思想政治教育中的应用

1. 灌输理论在思想政治教育中的必要性

如今处于全球化时代，中国在享受全球化带来的经济利益的同时，也遭受着全球化对于我国公民在思想政治以及价值观上的冲击。西方国

---

① 中共中央马克思恩格斯列宁斯大林著作编译局：《列宁选集》第1卷，人民出版社，1995，第419页。

家一如既往地保持其优越的态度，不断地向发展中国家输送它们的价值观念，也即所谓的普世价值。西方国家本就属于资本主义国家，而我国是社会主义国家，在各自不同的阵营里，虽是合作共赢，但难免也是暗流涌动。改革开放 40 多年以来，中国各方面发展迅猛，而外来的观念文化对我国传统文化也有很大的冲击。如何使国人坚定"四个自信"，思想不被西方的价值观念所腐蚀，灌输理论显得尤为重要。灌输思想政治，不仅可以抵御西方资本主义国家对我国公民思想的侵蚀，还可以更好地使国人坚定"四个自信"，坚定共产主义理想和中国特色社会主义共同理想。

2. 发挥灌输理论在思想政治教育中的积极性

灌输理论不是教条的、死板的，是理论与实践相结合的应用。要想让灌输理论不过时，首先要提高主体的素质，加强主客体之间的相互联系。其次要创新灌输方法。提高灌输主体的素质，要求灌输主体坚定马克思主义信仰，坚持社会主义的政治立场，坚持马克思列宁主义、毛泽东思想、邓小平理论、科学发展观、习近平新时代中国特色社会主义思想。灌输主体要起带头作用，学好理论，付诸实践。坚持群众路线的方法，在群众中起带头作用，更好地服务群众。提高了主体的素质，是更好地灌输客体的前提，客体在主体的潜移默化影响之下，能够更好地激发爱国主义精神和树立中国特色社会主义共同理想。主体与客体之间不是单向的灌输，而是双向的互动。良好的互动使得灌输不是教条式的输入，而是客体乐于接受，并主动学习。互动可以使得"被灌输"的被动局面转化为主动局面，而在这互动的过程中，离不开对灌输方法的创新。社会多元化发展，灌输不能只局限于书本知识的传授，可以通过多渠道来实现。一方面，网络新媒体的高速发展为灌输方法提供了多种渠道。在信息时代飞速发展的今天，大多数人都是接触网络的，网络似乎已成为人们获取信息的直接渠道。网络新媒体对人们价值观念的影响十分重要。所以把握好网络新媒体的灌输方式，既可以抵制不良价值观对人们的影响，又可以在潜移默化之中对人们进行思想政治教育。另一方面，在学校教育方面，改革课堂上死板的教育方式也很重要。一味地去讲一些政治理论，学生们会觉得枯燥无味。要在形式上进行创新，如通过办讲座、课堂表演、艺术表演等将知识转化为学生们感兴趣的内容，学生们更加乐于接受。

（二）灌输理论在意识形态上的应用

经济基础决定上层建筑，同时上层建筑反作用于经济基础。高举马克思列宁主义、毛泽东思想、邓小平理论、科学发展观、习近平新时代中国特色社会主义思想伟大旗帜，牢固树立辩证唯物主义和历史唯物主义世界观和方法论，是我国意识形态上统一性的标准。然而随着时代的发展，各种社会主义思潮泛起，如历史虚无主义、民族主义、创新马克思主义、民粹主义以及普世价值等，这些社会主义思想在一定程度上冲击了我国主流意识形态，苏联的解体就是前车之鉴。20 世纪 90 年代初，东欧剧变，苏联解体。纵使其中不乏政治和经济原因，但是其中一个必然因素就是西方国家对社会主义国家思想上的动摇。和平演变就这样在西方资本主义国家某些学者的口中被预言成功了。20 世纪 50 年代，赫鲁晓夫上台，以"秘密报告"的形式全盘否定斯大林，这对苏联的意识形态，对苏联人对国家领导人的历史定位造成巨大的冲击。戈尔巴乔夫的"改革与新思维"从根本上放弃了社会主义的价值观念和政治体制，该改革以彻底摈弃斯大林主义留下的政治体制遗产，试图建立人道的、民主的社会主义。这种自我的否定，使得西方自由主义得逞，叶利钦受到西方国家的支持，多次进行退出苏共演说，加速了苏联的解体。苏联被和平演变了，而历史虚无主义思潮就是苏联亡党亡国的加速剂。历史虚无主义思潮就像是无形的利器，潜移默化地促使苏联这样一个大国解体了。苏联的解体告诫我们，一定要加强意识形态的建设。习近平总书记在 2013 年 8 月 19 日至 20 日举行的全国宣传思想工作会议上提出意识形态工作"一二三"，即"一项极其重要"：经济建设是党的中心工作，意识形态工作是一项极端重要的工作；"两个巩固"：宣传思想工作就是要巩固马克思主义在意识形态领域的指导地位，巩固全党全国人民团结奋斗的共同思想基础；"三个事关"：能否做好意识形态工作事关党的前途命运，事关国家长治久安，事关民族凝聚力和向心力。所以意识形态的工作尤为重要，这不是死板的灌输，而是通过各种形式的传播，使人们学习到科学的理论，为实现中华民族伟大复兴而共同努力。

总之，列宁的灌输理论并不过时，在现代更具有必要性，在思想政治教育以及加强意识形态工作方面都具有意义。今后更需要考虑的是灌输理论要与时俱进，实现它的最大价值。

参考文献

［1］中共中央马克思恩格斯列宁斯大林著作编译局.《列宁选集》第 1 卷［M］. 北京：人民出版社，1995.

（本文获北京体育大学马克思主义学院 2020 年度"拥抱经典每日打卡读书活动"优秀论文一等奖）

浅谈邓小平法制思想

——基于《邓小平文选》第二卷、第三卷的阅读体会

张宏旭①

摘要： 邓小平在长期的革命及其工作生涯当中，积攒了许多重要的著述。在邓小平理论当中，有关社会主义民主和法制方面的内容占有极大比重，其内容涉及社会主义民主法制建设的各个方面，具有极强的科学性和指导性，形成了完整的邓小平法制思想体系。它不仅是新时期中国特色社会主义法治建设的指导思想，同时在新时代中国特色社会主义法制建设进程中，仍体现着其当代价值。本文旨在通过解读邓小平有关法制建设方面的著述，从四个主要方面来探究和把握新时期社会主义法制建设历程中所体现的邓小平法制思想及其价值。

关键词： 邓小平法制思想；民主；法制；依法治国；法制建设

邓小平同志是全党、全军和全国人民公认的享有极高威望的杰出领导人，坚持马克思主义的伟大知识分子，伟大的无产阶级革命家、政治家、军事家，久经考验的卓越共产主义战士，中国特色社会主义理论和

---

① 作者系马克思主义学院 2019 级本科生。

改革开放以及社会主义现代化建设的总设计师，邓小平理论的主要创立者。① 在长久的、历史的实践过程当中，邓小平把马克思主义法学理论同中国发展实际相结合，将马克思主义法学理论发展推向一个新的阶段。同时，邓小平法制思想为新时期社会主义法治国家建设提供了有益指导。

一、邓小平法制思想的形成

自 1978 年上半年伊始，全国范围内推动了有关真理标准的大讨论。这在一定程度上直接推动了中国共产党和新时期中国政府工作中心的转移，且纠正了"文化大革命"所带来的错误，进行了平反冤假错案和拨乱反正工作。

面对"文革"对民主和法制带来的破坏，人们对民主和法制的恢复和健全有着强烈的期盼，并希望"对发扬新时期社会主义民主和健全社会主义法制"的问题进行讨论。在这样的历史条件下，我国召开了中国共产党第十一届三中全会。

在党的十一届三中全会召开之前，党中央做了大量的筹备工作，召开了长达 36 天的中央工作会议。邓小平在此次中央工作会议上的讲话，不仅为后期党的十一届三中全会的召开进行了重要铺垫，而且讲话内容中有关民主法制建设方面的表述还是邓小平法制思想的重要内容。

党的十一届三中全会的召开，标志着党在思想、政治、经济、组织等领域进行了全面而彻底的拨乱反正工作。邓小平在全会上强调，把"全党工作的着重点和全国人民的注意力转移到社会主义现代化建设上去"。② 根据邓小平的讲话精神，会议在新时期社会主义法制建设方面

---

① 胡锦涛：《在纪念邓小平同志诞辰 100 周年纪念大会上的讲话》，中国政府网，http：// www. gov. cn/test/2009-11/16/content_ 1465442. html。

② 《中国共产党第十一届中央委员会第三次全体会议公报》，载《三中全会以来重要文献选编》（上），人民出版社，1982，第 4 页。

进行了讨论，会议根据民主和法制需要恢复与加强的实际情况，提出要将民主制度化和法律化，以保证人民民主的权威、妥善解决长期存在的"人治"关键问题。在立法方面，邓小平指出"应该集中力量制定刑法、民法、诉讼法和其他各种必要的法律法规"。① 大会把立法工作提到了全国人大及其常委会的重要议程上，逐步展开系统的、连续的、全面的立法工作。通过改革专门法制机构、加强党对法制建设工作方面的领导、推动法治国家的建设等一系列行之有效的措施，加强民主法制建设和国家政权建设。

党的十一届三中全会的举办，是中国共产党历史和新中国历史的一个重要分水岭，同样也是新时期中国民族特色社会主义法制建设的历史性转折。全会通过确立"解放思想、实事求是"的思想路线，完成了全国范围内的拨乱反正和工作重点向以经济建设为中心的转移，开辟了中国实现社会主义社会的新道路，发扬民主和健全法制成了党和国家坚定不移的方针。

邓小平在有关社会主义民主法制建设的各方面和各领域进行了较为全面的论述，形成了体系完备的邓小平法制思想。因此在一定程度上讲，在新的历史条件下形成的邓小平法制思想，是中国法治国家建设的重要起点，对于新时代中国特色社会主义法治建设仍具有极其重要的实践价值。

二、社会主义民主与法制思想

社会主义民主和法制是休戚相关的，有了民主才能使法制建设达到其目的，有了法制才能保障民主的实现。在会见以竹入义胜为团长的日本公明党第八次访华团时，邓小平提道："民主和法制，这两个方面都应该加强，过去我们都不足。要加强民主就必须加强法制，没有广泛的

① 邓小平：《邓小平文选》第 2 卷，人民出版社，1994，第 146 页。

民主是不行的，没有健全的法制也是不行的。政治体制改革包括民主和法制，我们的民主和法制是相关的。"① 邓小平第一次把民主和法制建设提到了国家整体建设的高度，体现了对新时期社会主义国家民主和法制建设的高度重视。

（一）社会主义民主

就民主方面来看，邓小平指出我们要实现的是社会主义民主。《中华人民共和国宪法》（1982 年修正）第一章第一条中指出："中华人民共和国是工人阶级领导的、以工农联盟为基础的人民民主专政的社会主义国家。社会主义制度是中华人民共和国的根本制度。"由此可知，我们要实现的民主形式是由现行的国家制度和法律制度所决定的。

我们党在长期的反帝、反封建的革命历程中培养形成了优良的民主传统。毛泽东在有关民主的著述中指出："我们的民主不是资本阶级的民主，而是人民民主，这就是无产阶级领导的、以工农联盟为基础的人民民主专政。"② 然而，由于种种历史原因，党对"社会主义民主"认识不清，导致长期以来没有肃清封建专制主义在思想和政治方面的"流毒"，没有把民主加以制度化和法律化。尽管已制定了关于民主方面的法律，其权威性也没有得到有效的维护，因此导致了党内民主缺失，党内权力过分集中于个人，造成了专断和个人崇拜现象的产生，使"人治"大于"法治"。

邓小平曾提出："不要社会主义法制的民主，不要党领导的民主和不要纪律和秩序的民主，绝不是社会主义民主。"③ 为解决"文化大革命"结束后民主层面的缺失问题，邓小平总结经验教训，他在中央工作会议上的讲话中多次强调要对民主和法制问题进行深入思考、予以充分解决。同时他在党的十一届三中全会上强调："必须加强社会主义法

① 邓小平：《邓小平文选》第 2 卷，人民出版社，1994，第 189 页。
② 毛泽东：《毛泽东选集》第 5 卷，人民出版社，1977，第 127 页。
③ 邓小平：《邓小平文选》第 2 卷，人民出版社，1994，第 359 页。

制，确立法律制度权威，保障人民民主，使民主制度化、法律化。"要保障社会主义民主，就要"确保人民在自己的法律面前人人平等，不允许任何人有超越于法律之上的特权"。①

倘若与社会主义民主背道而行，就会造成民主缺失和法制破坏。邓小平阐明要解决"人治"问题和保障社会主义民主，就要从改革各项社会制度入手，以保障社会主义民主法律制度的建立。此为邓小平在保障社会主义民主方面的核心表述内容，是邓小平法制思想的重要组成部分。

（二）社会主义法制

有关法制方面，邓小平指出我们要实现社会主义法制。法制是用以调整国家制度和规范社会秩序的方式，具有权威性和统一性，能够保证党和国家的各项制度得到贯彻落实。然而，自20世纪50年代末开始，由于"左"倾的思想泛滥，法律上形式主义和虚无主义盛行，部分人法律意识淡薄，重"人治"而轻"法治"，广大干部群众习惯于依照政策制度办事，而不遵循法律法规办事，通常把领导人所说的话语当作"法"，对社会主义法治国家建设产生了极大阻碍。

要解决上述问题，最关键的是要从制度层面入手，建立社会主义民主和社会主义法制来反对人治、实行法治。

"假若不坚决改革现行制度中的弊端，过去出现过的一些严重问题今后就有可能重新出现。"② 从邓小平民主法治思想的表述内容分析，部分领导人的思想作风和过去的制度本身均对建设社会主义法治国家的目标产生了重大影响，但从中华人民共和国历史发展脉络分析来看，制度的弊端远明显于人在思想作风等方面的弊端。所以，必须从制度本身出发，两手齐抓民主以及法制，使民主法制化、法律化，让民主制度以

---

① 《中国共产党第十一届中央委员会第三次全体会议公报》，载《三中全会以来重要文献选编》（上），人民出版社，1982，第11页。

② 邓小平：《邓小平文选》第2卷，人民出版社，1994，第333页。

及法律法规二者均不因领导人的改变以及领导人意志的改变而改变。

只有不断地变革先前的社会制度来满足当今时代的发展要求，才能解决中国在发展过程当中存在的一系列问题，才能保障社会主义民主和法制建设，促进社会主义民主法制现代化建设目标的实现，充分展现"法治"较"人治"的优越性。

总之，邓小平认为社会主义民主和法制是紧密相连的。社会主义民主和法制的发展与进步，需要从制度入手、齐抓共管，协调民主与法制、"人治"与"法治"之间的关系，这体现了邓小平在新时期工作中的社会主义民主与法制思想。

三、依法治国思想

一个国家的繁荣稳定与一个国家的治理能力休戚相关，国家治理能力的提高需要综合提高法律和制度的权威性来进行保障。邓小平在"靠什么来治理好国家"的相关论述中提道："还是要靠法制，搞法制靠得住些"，① "法治"较"人治"具有不可比拟的优越性，法律监督制度是保证国家治理稳定的必要条件，这彰显了邓小平的依法治国思想。通过对邓小平有关依法治国表述的分析，我们可以重点从以下三个方面来领会其依法治国思想。

（一）立法

邓小平提出"有法可依，有法必依，执法必严，违法必究"的建设社会主义法治国家的十六字方针，这是依法治国建设的重要内容。

依法治国的第一步当然是要"有法可依"，"有法"就要"立法"。党的十一届三中全会后，邓小平提出："我们好多年实际上没有法，没有可遵循的东西。"② 立法工作的开展是建设社会主义法治国家、实行

---

① 邓小平：《邓小平文选》第3卷，人民出版社，1993，第379页。
② 邓小平：《邓小平文选》第2卷，人民出版社，1994，第189页。

依法治国的必要环节，需要从制度改革入手，集中力量推进更多法律的出台，以满足国家正常运转的需要。

要科学、民主地开展立法工作，就要重视立法程序，展开民主讨论。邓小平在相关表述中提道："立法要经过一定的民主程序讨论通过"，① 一部法律只有通过科学、民主的程序讨论通过，才能真正体现其科学价值和普世价值。

只有科学、合理、民主的立法，才能促使社会主义法制国家建设"有据可依"，深入推动依法治国方略的施行，保证守法、执法工作的展开。

（二）守法

由于我国"人治"传统突出，法制建设一直较为滞后，长期以来导致了人们法律意识和法制观念淡薄。因此，重视法制教育、教导民众"守法"同样是依法治国方略实施的重要环节。

邓小平强调："要学法、知法、懂法、守法、用法"，要加强法制教育，通过宣传手段向人民群众宣传法律法规，使其树立法制观念；通过教育手段引导人民群众学习法律知识、弘扬法治精神。"加强法制更重要的是要进行教育，根本问题是教育人。"② 要针对宣传和教育两个方面做好工作，切实增强全民法律意识，不仅要侧重于民众对法律"知"和"懂"，更要侧重于"守"和"用"。

"法"的意义不单单在于确立本身，更大程度上在于人们对"法"的守护。因此要长期推动依法治国方略实施，就要重视法制教育和法制宣传工作的长期、常态化开展。只有创立了"人人皆守法"的良好氛围，使民众维护法律的权威性，才能落实"有法必依"的要求，才能在客观条件上极大推动依法治国方略的实施。

---

① 邓小平：《邓小平文选》第 2 卷，人民出版社，1994，第 146 页。
② 邓小平：《邓小平文选》第 3 卷，人民出版社，1993，第 163 页。

（三）执法

执法即法律实施的过程和体现方式。国家拟定法律的目标是为了维护整体稳定和保护个体利益，从而实现社会的发展，而怎样达到当初制定法律的目的，这就需要法的实施来进行保障。

邓小平在有关执法思想的著述中提到，在执法方面要加强执法干部队伍建设，以实现"执法必严"的法制建设目标。执法队伍要严格遵照法律条目及法律注释规定，坚决维护实施法律的程序公正和实体公正，对于违反法律法规的当事人行为要进行严格处理。同时执法队伍要落实"违法必究"的要求，坚持"在法律法规以及机制面前人人平等"的执法原则，并严格执法思想，对违法行为必须要按照法律法规规定予以追究，要坚决反对"特权化""特殊化"的思想。

邓小平还强调，要重视执法监督的问题。要建立一套监督机制来保证法律制度的实施，依据相关的法律和制度对执法人员进行监督，以规范执法人员的执法权力使用和保障好"执法必严""违法必究"两个法制建设重要环节的实施。

总之，要运用邓小平依法治国思想来治理国家、维护国家稳定，就要坚持并完善"立法""守法"和"执法"三个方面及其过程，以更好地保障法律制度的权威性和对治理国家的有效性。

四、党的领导与法制

由于社会主义制度的要求和特征，要进行社会主义法制建设，就必须要重视党的领导在社会主义法制建设当中的核心作用。妥善处理和解决好党的领导和法治的关系，才能实现"使民主制度化、法律化"和"依法治国"的目标和维护国家和社会生活稳定。

社会主义法制建设是一项长期的、连续的、系统的工程，需要进行整体布局、统筹掌握，党的领导是社会主义法制建设的核心，是保障社会主义法制建设方向不偏移的重要手段。从邓小平在相关著述中的表述内容可以看出，通过党的领导能够使我国的法制建设取得更好的发展，而通过法制建设，把党的领导纳入法制轨道，能够更好地维护党的领导。

邓小平强调社会主义法制建设要坚持党的领导，但并不是让党包揽社会主义法制建设当中的一切，而是指党要领导好社会主义法制建设大的方向，同时党也要在宪法和法律允许的范围内按规定办事。党的意志的体现需要通过法定程序上升为国家意志，不经过法定程序的党的意志不能称作国家意志。因此要改革党和国家的领导制度，用健全的法律制度规范党的领导，科学、有效地推进社会主义法制建设工作的开展。

总之，社会主义法制建设离不开党的领导，党的领导也不能离开科学的法律制度。只有科学、准确地把握好党的领导与法制建设的关系，才能充分发挥社会主义制度的优越性，使社会法制建设工作的多方面得到落实，同时保障党的领导、社会主义法制建设等多方面的协调统一。

在新的历史条件下，我们仍要分析并领会邓小平法制思想，以邓小平法制思想为指引，分析现今社会主义法制建设所面临的新局势，在新的社会主义法制建设步伐中充分体现邓小平法制思想的当代价值。

参考文献：

［1］中国共产党第十一届中央委员会第三次全体会议公报，载三中全会以来重要文献选编（上）［M］．北京：人民出版社，1982．

［2］胡锦涛．在纪念邓小平同志诞辰 100 周年纪念大会上的讲话［A/OL］．（2011 - 11 - 16）．http：//www. gov. cn/test/2009 - 11/16 | content_ 1465442. html.

［3］毛泽东．毛泽东选集：第 5 卷［M］．北京：人民出版社，1977．

［4］邓小平．邓小平文选：第 3 卷［M］．北京：人民出版社，1993．

［5］邓小平．邓小平文选：第 2 卷［M］．北京：人民出版社，1994．

［6］蒋传光．邓小平法制思想与中国法治建设的里程碑［J］．环球

法律评论，2017，39（01）．

［7］徐晓光．论邓小平法制思想及其当代价值［J］．传承，2016（07）．

（本文获北京体育大学马克思主义学院2020年度"拥抱经典每日打卡读书活动"优秀论文一等奖）

邓小平的外交之道

——基于《邓小平文选第三卷》初探

莫红岭①

摘要：邓小平的外交思想，内容博大精深，洋溢着鲜明的时代气息和民族精神，是建设中国特色社会主义理论的重要组成部分，是新时期我国外交工作的指导思想。通过对《邓小平文选第三卷》进行研读，笔者总结了邓小平对待不同国家的外交之道：热情对待第三世界国家并提供力所能及的帮助，与经济发达的国家进行经济合作，与对中国有敌意、威胁我国国家主权的国家进行斗争，对待关系特殊的国家则采取不卑不亢的态度。邓小平的外交之道，在于他的讲话中始终有个一以贯之的"道"，那就是"实事求是"，这四字箴言贯穿于他的多次谈话中，即对待不同国家，在遵循和平共处五项原则的基础上，采取不同的外交态度。

关键词：邓小平；《邓小平文选第三卷》；外交

《邓小平文选》由后人整理收集编录，共有会议发言、讲话、谈话等190篇，每篇文章的题目都是依据1982谈话或会议的主题命名，第三卷主要收录了邓小平同志在1982年9月至1992年2月期间的重要著作。整体上来看，文选第三卷多为谈话的记录，可以分为三大类：一类

---

① 作者系马克思主义学院2019级硕士研究生。

是会议发言，这类文章是邓小平理论的重要组成部分，但就其表述方式和语言风格来看，并不一定能体现出邓小平个人的特点，因为重要会议的讲话稿往往并非出自讲话者个人手笔，而是经过很多人长时间的讨论、斟酌才定稿，是属于官方的文章，形式上有一定的格局。邓小平在《十三大的两个特点》中也有关于此的说明："……报告是集体创作的，集中了几千人的智慧，有些内容并不是我提出来的。当然，其中也有我的看法和意见，但大部分是集体的意见。"① 第二类是接受采访时的谈话记录，保留了问答的形式，如《社会主义和市场经济不存在根本矛盾》一文，是 1985 年 10 月 23 日邓小平在会见美国时代公司组织的美国高级企业家代表团时的问答记录，保留了问答的基本形式。但这些谈话并不都是完整的记录，有的文章是谈话记录的其中一部分（大多是谈话的要点），有的则是几次谈话摘录组拼而成。第三类是座谈发言，包括与各级领导的谈话。第二、三类文章最能代表邓小平个人语言风格。② 本文旨在探讨邓小平的外交之道，因此，研究邓小平在会见国外总统或来宾时的谈话更能探究其风格。邓小平经常会见外国客人，《邓小平文选》第三卷中记录有不少他的外交辞令，根据不同的谈话对象，使用不同的谈话方式和语气，下文将进行简要分析。

一、对待第三世界国家

中国属于第三世界国家，第三世界国家都是我们的朋友，所以第三世界国家来访时，邓小平就像招待朋友那样热情，并能设身处地地为朋友着想。邓小平在 1982 年 10 月 22 日会见印度科学理事会代表团时指出："中印两国都是发展中国家，但在世界上都不是无足轻重的国

---

① 邓小平：《邓小平文选》第 3 卷，人民出版社，2001，第 258 页。
② 李醒华：《邓小平理论的表述特色》，《华南师范大学学报（社会科学版）》，1999
年第 6 期。

家。……我们两国又是近邻，不相互了解、不建立友谊是不行的。"①
"我们希望自己发达，也希望你们发达。……改变国际经济秩序，首先
是解决南北关系问题，同时要采取新途径加强南南之间的合作。"② 中
国不会因为自己的经济地位较低而把自己看得不重要，这番话也是在鼓
舞印度发展经济。邓小平在 1984 年 5 月 29 日会见巴西总统菲格雷多时
就明确表明了中国一贯的外交立场："中国现在属于第三世界，将来发
展富强起来，仍然属于第三世界。中国和所有第三世界国家的命运是共
同的。中国永远不会称霸，永远不会欺负别人，永远站在第三世界一
边。"③此番话热情洋溢，给人以极大的鼓舞和信心。同时邓小平也强
调，第三世界国家应该一同携起手来解决南北问题。1988 年 5 月 18 日
邓小平在会见莫桑比克总统希萨诺时给出了非常诚恳而又中肯的建议：
"建设一个国家，不要把自己置于封闭状态和孤立地位。"④这是总结了
我国从清朝实行闭关锁国政策带来的屈辱历史的教训，以及实行改革开
放之后取得的系列成就的经验之后提出来的。"所有别人的东西都可以
参考，但也只是参考。……中国有中国自己的模式，莫桑比克也应该有
莫桑比克自己的模式。"⑤唯一能直接模仿的就是实事求是的做法，即解
放思想、独立思考，从自己的实际出发来制定政策。邓小平在 1985 年
4 月 15 日、8 月 21 日、8 月 28 日分别会见坦桑尼亚联合共和国副总统
姆维尼、尼雷尔，津巴布韦非洲民族联盟主席和政府总理穆加贝，同样
也是以饱满的热情介绍了我们国家的一些历史和教训以及改革开放取得
的成功经验，希望能对其提供力所能及的援助。1988 年 12 月 21 日邓小
平在会见印度总理拉吉夫·甘地时的谈话内容与 6 年前会见印度科学理

---

① 邓小平：《邓小平文选》第 3 卷，人民出版社，2001，第 19 页。
② 邓小平：《邓小平文选》第 3 卷，人民出版社，2001，第 20 页。
③ 邓小平：《邓小平文选》第 3 卷，人民出版社，2001，第 56 页。
④ 邓小平：《邓小平文选》第 3 卷，人民出版社，2001，第 260 页。
⑤ 邓小平：《邓小平文选》第 3 卷，人民出版社，2001，第 261 页。

事会代表团时的说法是相一致的，他重申了中印两国作为世界两大发展中国家的历史责任和使命——中印两国对人类应该担负起一个共同的责任，就是要利用现有的、有利的和平国际环境来发展自己。"应当把发展问题提到全人类的高度来认识，要从这个高度去观察问题和解决问题。只有这样，才会明了发展问题既是发展中国家自己的责任，也是发达国家的责任。历史证明，越是富裕的国家越不慷慨，归根到底，我们要靠自己来摆脱贫困，靠自己发展起来。"①马克思在其《资本论》中就揭露了这一点："资本来到世间，从头到脚，每个毛孔都滴着血和肮脏的东西。"②发展中国家的贫困绝不仅仅是由其自身所造成的，发达国家更应该肩负起全世界的发展问题，资本主义发达国家发家致富的历程就是对发展中国家殖民掠夺的历史，但资本主义国家还未认识到这一点，抑或有所认识但极力掩盖。所以只有第三世界国家联合起来，解决发展问题才更有希望。邓小平在 1989 年 3 月 23 日会见乌干达总统穆塞韦尼时也谈到，"不要急于搞社会主义，也不要搞封闭政策"，③ 社会主义阵营不断扩大当然是我们非常希望看到的，但是每个国家都应该遵循本国自身的发展规律，社会主义不应该是爆发和封闭式的，每个国家都应该有自己的路子。同时邓小平也向乌干达总统指出我们自己的失误——思想政治工作薄弱，教育发展不够，这也说明了，成功的模式虽然不可复制，但是错误的教训可以尽量避免，这也是中国对第三世界国家的贡献。

二、对待想发展经济的国家

对待想发财却患得患失的发达国家首脑，邓小平表达了自己合作的

---

① 邓小平：《邓小平文选》第 3 卷，人民出版社，2001，第 282 页。
② 中共中央马克思恩格斯列宁斯大林著作编译局：《马克思恩格斯全集》第 44 卷，人民出版社，2001，第 871 页。
③ 邓小平：《邓小平文选》第 3 卷，人民出版社，2001，第 290 页。

诚意，并为其展示发展的前景，以坚定其合作的信心。1984 年 3 月 25 日邓小平会见日本首相中曾根康弘时说："合作不是只对一方有利，而是对双方、对两国、对两国人民都有利。……我们双方关系发展得还不足，两国的民间经济技术合作还很薄弱。我们欢迎贵国的大中小企业加强同我们的合作。我们希望日本政府对他们做一点工作，劝他们看得远一点。中国现在缺乏资金，有很多好的东西开发不出来。如果开发出来，可以更多地提供日本需要的东西。现在到中国来投资，对日本的将来最有利。"①邓小平指出了日本因地形资源有限而经济、技术发达的国情，点明了中国当前发展资金缺乏但资源众多的状况，由此说明了两国合作的重要性和必要性。邓小平用清楚的逻辑将透彻的道理展示出来，指出应该从长远的目光看两国的合作，那对日本将是非常有利的，同时也展现出我国改革开放政策的强大吸引力。

三、对待敌视中国的国家

对那些敌视中国、存心阻挠中国人民发展的人，邓小平同志坚决地与其进行斗争，毫不示弱。1982 年 9 月 24 日邓小平在会见英国首相撒切尔夫人时明确表态："关于主权问题，中国在这个问题上没有回旋余地。坦率地讲，主权问题不是一个可以讨论的问题。"②对香港的主权以及收回的时间，邓小平态度明确且强硬："我们建议达成这样一个协议，即双方同意通过外交途径开始进行香港问题的磋商。前提是一九九七年中国收回香港。"③而对于收回香港决策的正式宣布，却可以晚一两年，因为这样做便于各方面进行磋商，对英国也是有利的。邓小平力排众议，认为香港的回归并不会影响中国的"四个现代化"建设，他对香港的回归充满信心。同时他也对香港回归后的过渡期做了充分的估

---

① 邓小平：《邓小平文选》第 3 卷，人民出版社，2001，第 53 页。
② 邓小平：《邓小平文选》第 3 卷，人民出版社，2001，第 12 页。
③ 邓小平：《邓小平文选》第 3 卷，人民出版社，2001，第 14—15 页。

计："如果在十五年的过渡期内香港发生严重的波动，怎么办？那时，中国政府将被迫不得不对收回的时间和方式另作考虑。如果说宣布要收回香港就会像夫人说的'带来灾难性的影响'，那我们要勇敢地面对这个灾难，做出决策。希望从夫人这次访问开始，两国政府官员通过外交途径进行很好的磋商，讨论如何避免这种灾难。……我担心……在这个时期中会出现很大的混乱，而且这些混乱是人为的。这当中不仅有外国人，也有中国人，而主要的是英国人。"①这不仅仅是一场简单的谈话，还带有警告的性质，警告英国不要在香港回归这件事情上搞小动作，我们不惹事，但我们不怕事，邓小平展现出了国家领导人的魄力，这番谈话有理有据，刚柔并济，深得人心。我国对于1989年中央平息北京"动乱"后英美法等七国在巴黎召开会议指责中国"违反人权"从而决定使用经济的政治的手段制裁中国的行为表示愤慨，邓小平认为："西方的一些国家拿什么人权、什么社会主义制度不合理不合法等作幌子，实际上是要损害我们的国权。"②1989年10月31日尼克松访华，邓小平首先就尼克松的访华之行表示了赞赏，"你一九七二年的中国之行，不仅是明智的，而且是非常勇敢的行动。……我们都是以自己的国家利益为最高准则来谈问题和处理问题的。在这样的大问题上，我们都是现实的，尊重对方的，胸襟开阔的。"③邓小平是真诚地对尼克松的主动访华之行表示欣赏的，所以才能由衷地表达这般赞赏。"美国是可以采取一些主动行动的，中国不可能主动。……受害的是中国。要中国来乞求，办不到。"同时他也指出了两国目前所处的位置，应该首先由美国来打破僵局，毕竟这种僵局也是由美国造成的。"国家关系应该遵守一个原则，就是不要干涉别国的内政。中华人民共和国绝不会容许任何国家来干涉自己的内政。"邓小平还提出了我国的外交原则，指出原则性

---

① 邓小平：《邓小平文选》第3卷，人民出版社，2001，第14页。
② 邓小平：《邓小平文选》第3卷，人民出版社，2001，第348页。
③ 邓小平：《邓小平文选》第3卷，人民出版社，2001，第330页。

的问题是不容侵犯的。"中美关系有一个好的基础，就是两国在发展经济、维护经济利益方面有相互帮助的作用。中国市场毕竟还没有充分开发出来，美国利用中国市场还有很多事情能够做。"① 邓小平的这番谈话，既表明原则立场，又讲清利害关系，对于美国这样蛮横的霸权主义者，是非常合适的。美国干涉中国内政无非是想要从中获得利益，然而更好的办法应该是与中国发展合作关系，邓小平指明了这一点，如果美国还选择继续僵持下去，实在是愚蠢至极。面对那些没有敌意想要寻求合作发展的外国客人邓小平是欢迎的，1985 年 10 月 23 日邓小平会见美国时代公司组织的美国高级企业家代表团时客观求实地回答了他们的问题，同时也分享了中国处理国家发展进程中共有问题的一些经验。

四、对待关系特殊的国家

对关系特殊的国家，如苏联，问题虽然复杂得多，但邓小平仍然有自己的一套理论。中苏原来是同一社会主义阵营的兄弟，中国共产党成立之初也接受了布尔什维克党的帮助，但在 20 世纪 50 年代之后两国关系逐渐破裂，长期对峙。1989 年 5 月 16 日邓小平在会见苏联苏共中央书记戈尔巴乔夫时就中苏关系的去向表明了自己真诚的态度："中国人民真诚地希望中苏关系能够得到改善。我建议用这个机会宣布中苏关系从此实现正常化。"②同时也提出了平等的外交关系要建立在国与国的平等之间，建立在国家的相互尊重之中。邓小平从不回避历史，他向苏方说明，十月革命后苏联也还有侵害中国的事情，例如黑瞎子岛就是 1929 年苏联从中国占去的。"六十年代，在整个中苏、中蒙边界上苏联加强军事设施，导弹不断增加……军队不断增加，包括派军队到蒙古，总数达到了一百万人。对中国的威胁从何而来？很自然地，中国得出了

---

① 邓小平：《邓小平文选》第 3 卷，人民出版社，2001，第 332 页。
② 邓小平：《邓小平文选》第 3 卷，人民出版社，2001，第 291 页。

结论。"他有礼有节、不卑不亢地讲述这段历史，并向苏方明确表示：真正的实质问题是不平等，中国人感到受屈辱。虽然如此，我们从来没有忘记在中国第一个五年计划时期苏联帮我们搞了一个工业基础。……历史账讲了，这些问题一风吹，这也是这次会晤取得的一个成果。① 不论是威胁还是帮助，中国的历史人民都记着，但是人总要看着明天生活，生活才有希望，这也是这次会晤的期望。"现在两国交往多起来了，关系正常化以后的交往无论深度和广度都会有大的发展。在发展交往方面，我有一个重要建议：多说实事，少说空话。"②中国从不回避历史，谁鞭打过我们，谁帮助过我们，我们都记得非常清楚。邓小平的整个谈话有礼有节，不卑不亢，回顾历史但不拘泥于历史，中苏关系恶化，所以谈话的目的就是要让中苏关系恢复正常，有矛盾、有问题就解决，不陷历史的泥沼之中，注重未来的国家发展。

五、结语

邓小平的外交之道，在于他的讲话中始终有个一以贯之的"道"，那就是"实事求是"，这四字箴言贯穿于他的多次谈话中，对待不同国家，遵循和平共处五项原则，同时也应采取不同的外交态度。有了邓小平外交思想的指引，改革开放以来，我国能够一直坚持独立自主的和平外交政策，维护国家的独立、主权和尊严，赢得了越来越多的朋友，国际威望日益提高。我国积极参与国际事务，并在和平解决国际争端、促进全球和区域经济合作等方面发挥着越来越不可替代的作用。

参考文献：

[1] 邓小平．邓小平文选：第3卷［M］．北京：人民出版社，2001．

---

① 邓小平：《邓小平文选》第3卷，人民出版社，2001，第294页。
② 邓小平：《邓小平文选》第3卷，人民出版社，2001，第294—295页。

［2］中共中央马克思恩格斯列宁斯大林著作编译局．马克思恩格斯全集：第44卷［M］．北京：人民出版社，2001.

［3］李醒华．邓小平理论的表述特色［J］．华南师范大学学报（社会科学版），1999（06）.

（本文获北京体育大学马克思主义学院2020年度"拥抱经典每日打卡读书活动"优秀论文二等奖）

读《国家与革命》有感

刘子依①

摘要：《国家与革命》一书是列宁在俄国革命的关键时期对马克思主义国家观的详细阐述与发展。在这部著作中列宁不仅回击了机会主义对马克思主义国家学说的歪曲，还进一步将马克思主义的国家学说与俄国革命的实践相结合，进一步发展了马克思主义的国家学说，为指导俄国十月革命的胜利和苏维埃政权的建立奠定了理论基础。

关键词：《国家与革命》；背景与影响；机会主义；国家观；当代启示

一、《国家与革命》的写作背景与产生的影响

19 世纪末 20 世纪初，随着资本主义经济的不断发展和完善，资本主义社会进入了垄断资本主义社会，国家物质生产资料日益集中于少数人手中，资产阶级与国家权力的勾结日趋严重，日益强大的帝国主义为了重新瓜分世界、争夺势力范围，于 1914 年发动了第一次世界大战。在战争、贫困与饥饿的压迫与摧残中，世界各地被压迫被剥削的广大劳动人民反抗垄断资本主义压迫的运动不断高涨。而当时的俄国长期处于沙皇黑暗残酷的统治下，面对当时其他国家强大资本主义力量的欺压，

---

① 作者系马克思主义学院 2018 级本科生。

俄国在国内国外矛盾的压迫下自己的矛盾更加激化，广大劳动人民的斗争情绪更加高昂。1917年3月，在世界各地革命斗争此起彼伏的情势下，俄国无产阶级和劳动群众在布尔什维克的领导下举行罢工和起义，推翻了沙皇政府的统治，取得了二月革命的胜利。但是由于孟什维克和社会革命党的机会主义者面目没有被识破和揭露，机会主义者在人民群众中还有较大影响，迷惑了一部分劳动群众，动摇了一部分群众的革命斗争意识。机会主义者借布尔什维克在街头领导斗争的机会，他们在参与苏维埃政权中组成了多数，趁机向临时政府妥协，这表明消除机会主义者对人民群众的蒙蔽与迷惑已经变成了十分迫切的任务。

1916年秋至1917年初，列宁在侨居瑞士的过程中，对马克思主义国家问题和批判机会主义国家观问题做了充分的理论准备，阅读了大量马克思、恩格斯关于国家学说的著作，也查阅了大量伯恩斯坦和考茨基的著作。1917年1月至2月间，他完成了《马克思主义论国家》的读书笔记，同年8月至9月间，在俄芬边界的芬兰拉兹里夫车站附近的草棚里完成了《国家与革命》的创作。

《国家与革命》一书对机会主义宣扬资本主义议会道路、掩盖国家阶级性质、宣扬资本主义社会可以和平进入社会主义社会等一系列歪曲马克思主义国家学说的观点进行了有力的反击，清除了广大民众的疑惑，为俄国怎样推翻资产阶级统治，以及如何建立无产阶级共和国提供了有益的指导意见，为十月革命在俄国的胜利和俄国建立无产阶级共和国提供了坚实的理论基础，并使马克思主义的国家观在俄国革命实践的基础上有了进一步的发展。

二、列宁在国家与革命问题上对以考茨基为代表的机会主义的批判

以考茨基为代表的机会主义与列宁之间的第一个分歧是如何夺取国家政权的问题。考茨基等机会主义者认为无产阶级可以通过和平的、议会的形式来取得国家政权，他认为："当无产阶级作为一个自觉的阶级参加议会斗争（主要是竞选和议会本身的斗争）的时候，议会制度便开始改变它的最初特性，议会不再单纯是资产阶级的统治工具了。"①考茨基等人认为无产阶级可以通过和平参与议会竞争的方式来争取国家的政权，用一个顺从无产阶级的政府来替代敌视无产阶级、国内斗争严重的政府。考茨基等人提出的和平夺取政权的方式在于忽略和轻视了资产阶级政府民主的狭隘性，对资产阶级民主过于乐观，忽略了资产阶级政府的民主只是针对少数有权阶级的民主，资产阶级在扩大国家政权的同时同样在加强其暴力机构的统治。列宁则认为只要阶级还存在，国家就是阶级统治的工具，国家的民主也是带有阶级偏见和阶级歧视的民主。国家是在一定经济基础上建立起来的社会组织，国家必须依靠强有力的经济力量才能获得规制的权力，因此国家权力不可避免地掌握于在经济上占统治地位的阶级手中，这使得国家不可避免地带有阶级色彩。列宁也认为资产阶级和无产阶级是两个完全不同的阶级，两个阶级间存在着巨大的利益矛盾和冲突，阶级之间的信仰矛盾不可调和，依靠资产阶级旧的国家机器建立无产阶级新的国家机器是不可行的。列宁指出资产阶级的民主并不是考茨基认为的纯粹的民主，因此在议会中取得多数并不等于可以打碎资产阶级旧的国家机器。"如果把阶级斗争局限于议会斗争，或者认为议会斗争是最高的、决定性的、支配着其余一切斗争形式的斗争，那就是实际上转到资产阶级方面去而反对无产阶级。"②

与此同时，列宁也对考茨基等人关于无产阶级革命取得胜利后，要不要建立无产阶级新国家，要不要坚持无产阶级专政，在资本主义过渡到共产主义的整个历史时期要不要坚持无产阶级专政的问题进行了批判。列宁指出民主和专政是有阶级性的，否定了考茨基的以民主政治代替专政的观点。考茨基以自由主义为基础来考察是否进行专政的问题是

① 列宁：《列宁选集》（第3卷）[M]，人民出版社，2012，第241页。
② 列宁：《列宁选集》（第3卷）[M]，人民出版社，2012，第243页。

不正确的，列宁认为考察是否进行民主专政的问题应该以剥削与被剥削的阶级观点为基础，剥削与被剥削阶级的矛盾是不可调和的，具有强烈对抗性，不可能遵循少数服从多数的原则，在新建立的无产阶级国家中不对剥削阶级实行暴力专政会使剥削阶级再一次复辟，使国家和人民再次陷入苦难。而关于要不要在资本主义到共产主义过渡的整个历史时期坚持无产阶级专政，列宁认为资本主义到共产主义的整个历史时期是一个漫长的历史过程，在这个过程中资本主义的残留思想还会不断腐蚀一部分人的思想，资本主义还存在复辟的危险，因此无产阶级不仅要打破资产阶级的统治，还要改造人民的思想，变革旧的、腐朽的思想观念，并且推动和助力世界各地的革命，最终在人类社会中实现共产主义。列宁认为："一个阶级的专政，不仅一般阶级社会需要，不仅推翻资产阶级的无产阶级需要，而且，从资本主义过渡到无产阶级社会，过渡到共产主义的整个历史时期都需要，只有了解这一点的人，才算领会了马克思国家学说的实质。"①

总的来说，考茨基等机会主义者对社会主义社会的建立带有严重的空想性，而列宁通过对考茨基等机会主义者的批判不仅清除了机会主义者对马克思主义国家观的歪曲，同样也更加鲜明地阐述和发展了马克思主义的国家观。

三、《国家与革命》中的马克思主义的国家观

《国家与革命》一书中认为国家是阶级矛盾不可调和的产物和表现，阶级的产生和对立是国家产生的基础，而阶级产生于不同的群体经济力量的对比，国家作为一种上层建筑建立在特定的经济基础上，体现出占统治地位的阶级的特性，由占统治地位的阶级掌握权力，依靠国家职能行使权力，由此，列宁进一步揭示了资产阶级占统治地位的国家中

---

① 列宁：《列宁选集》（第3卷）[M]，人民出版社，2012，第248页。

资产阶级掌握绝对的权力，借助国家职能和国家权力压迫与剥削被剥削阶级，从而持续不断地获得更多更加牢固的阶级地位和阶级利益。而随着资本主义进入垄断帝国主义阶段，由狭隘的阶级利益扩充到大国主义，剥削和压迫的目标扩充到全世界落后地区的国家和民族，国际修正主义盛行，国际修正主义者甚至提出"保卫祖国"的口号，来掩饰自己强盗的资本主义剥削行为。资产阶级是金钱的奴隶，利益是他们信仰的上帝，以资产阶级为统治阶级的国家不可能以广大劳动穷苦人民的利益为主，资产阶级的民主也只能是狭隘的民主，为了暂缓劳资矛盾。资产阶级的民主只是为了迷惑广大劳动人民，正如他们歪曲工资的实质一样。民主与自由本该就是人生而有之，不需要谁的赋予和恩赐，可资产阶级却拿这本该是广大民众天赋的权力来做成"糖衣炮弹"，以空谈的民主自由代替真正的民主自由，来使被剥削阶级更加地"乖顺听话"，以此来达到剥削更多利益的目的。

而无产阶级必须通过暴力革命推翻资产阶级的统治，建立全新的国家机器，在新的无产阶级社会中也应当坚持无产阶级的专政，不能忽略无产阶级暴力机关的作用。"马克思主义者同机会主义者的区别在于是否割裂暴力革命同无产阶级专政之间的联系，真正的马克思主义者是把两者结合在一起，把无产阶级专政看成是马克思阶级斗争学说运用于国家和社会革命的重要形式。"① 在新的社会主义国家中，无产阶级专政是必要的，但无产阶级专政和资产阶级的专政是不同的，资产阶级专政是压迫被压迫阶级、剥削被剥削阶级的工具，是为维护少数人的利益而服务的，而无产阶级专政是为镇压剥削压迫阶级的反辟，是针对少数敌对分子，为维护大多数人的利益而服务的，这一区别的根本在于无产阶级本身就代表广大劳动群体的利益。

而关于国家的消亡问题，列宁认为无产阶级通过暴力革命推翻资产

① 列宁：《列宁选集》第3卷［M］，人民出版社，2012。

阶级的统治，建立一个自己的新政权，国家从而走上自行消亡的道路。列宁在《国家与革命》一书中把国家制度的变革分为三个阶段：第一个阶段是资本主义到共产主义的过渡阶段，在这个阶段中无产阶级专政仍是必需的，国家需要暴力机关来打击少数敌对分子；第二个阶段是共产主义社会的第一阶段或低级阶段；第三阶段则是共产主义社会的高级阶段。在这一系列漫长的历史过程中，劳动不再是获取报酬的工具，而成为"生活的第一需要"，阶级从而逐渐消亡，而国家作为调和阶级矛盾的工具也逐渐消亡，从而摆脱阶级剥削工具的性质，仅仅成为阶级统治的工具，而狭义上的相对民主也会消亡，从而成为一种天然的、共同享有的、更广泛的民主。

四、《国家与革命》中的国家观的现代启示

理论的全部意义和价值都在于实践，实践和理论是分不开的，虽然列宁的《国家与革命》与我们当今社会时隔一百多年，可仍对当今社会主义国家的国家治理有着非常重要的理论意义。《国家与革命》中关于国家观的首要观点就是国家是阶级矛盾不可调和的产物，是阶级统治的工具。在当今全球国家中不乏实力强大的资本主义国家，我们在当今国家的治理中更加要注重防御资本主义各种形式的入侵，正确认识与看待资本主义国家，正确了解在当今普遍和平的国际环境下，资本主义的文化与价值观入侵方式，特别要警惕以利益与个人主义为倾向的资本主义价值观念对青少年的入侵，这就要求我们青少年在学习科学文化知识的同时，加强社会主义信仰和价值观念，在全民中培养对社会主义文化的理论自信，加强各阶段民众对社会主义的认识与理解，要在做到理论能说服人的同时，也要做到理论切切实实地掌握群众。资本主义国家因为殖民时期的贸易积累而国富力强，因暂缓劳资矛盾而假意民主，要引导人民看清资本主义的真面目，了解资本主义剥削的实质。

参考文献：

[1] 卡尔·考茨基. 爱尔福特纲领解说 [M]. 北京：生活·读书·新知三联书店，2008.

[2] 列宁. 列宁全集：第 30 卷 [M]. 北京：人民出版社，2017.

[3] 列宁. 列宁全集：第 25 卷 [M]. 北京：人民出版社，2017.

[4] 王璐路.《国家与革命》国家观研究 [D]. 安徽财经大学，2015.

（本文获北京体育大学马克思主义学院 2020 年度"拥抱经典每日打卡读书活动"优秀论文二等奖）

从《矛盾论》中学习处理问题的方式

李　嘉①

摘要：《矛盾论》作为毛泽东同志在抗日战争时期将马克思主义哲学思想中国化的产物，着重分析了如何运用辩证法的宇宙观来指导认识和实践的问题。虽然这篇文章是在特定的时代背景下产生的，但其中的哲学道理如今仍然意义非凡。从《矛盾论》中学习辩证法，最终还是要落于实践，学习如何运用辩证法处理问题。通过认识矛盾的普遍性和特殊性，我们有了发现问题的可能性；通过抓住主要矛盾和矛盾的主要方面，我们能够认识到问题的关键在哪里；通过对于具体问题做出的具体分析，我们可以因事制宜地解决问题。

关键词：《矛盾论》；马克思主义哲学；辩证法

《矛盾论》作为毛泽东同志哲学思想的凝聚产物，结合当时抗日战争的背景，使马克思主义在中国的土地上展现出全新的生命力。文章着重探讨了如何根据唯物辩证法的宇宙观来指导实践，也就是在承认矛盾的基础上来处理问题。

在《矛盾论》中，首先分析了形而上学和辩证法的两种宇宙观：前者是主观的、唯心的、片面看待问题而不接受事物是客观变化的，后

---

① 作者系马克思主义学院 2018 级本科生。

者是客观的、唯物的、能够全面看待问题且接受事物一直是运动变化的。我们只有通过辩证法的宇宙观来看待事物，才能够发现万事万物之中存在着的矛盾和改变的可能，才能从此出发来分析事物、化解矛盾、实现发展。

为了更好地解释如何认识和处理"矛盾"，《矛盾论》着重分析了矛盾的普遍性、矛盾的特殊性、主要矛盾和矛盾的主要方面、矛盾诸方面的同一性和斗争性、对抗在矛盾中的地位。将对于矛盾的分析运用到实践中，恰好是处理问题时所需要注意和掌握的关键。本文拟将处理问题分为发现问题、认识问题、解决问题三部分，分析如何将《矛盾论》中的观点运用到处理问题的实践之中。

一、发现问题——认识矛盾的普遍性和特殊性

处理问题的基本条件是我们能够发现问题，而发现问题的前提是我们承认有问题存在的可能性。只有当我们认识到矛盾是普遍存在的，我们才能够通过事物之中的矛盾来发现问题；也只有当我们认识到每一个矛盾都有其特殊性，都有把其当作一个新的需要解决的问题的必要之时，才能够明白发现问题的意义。

矛盾必然存在，这是在辩证法的宇宙观中看待事物的基本条件。正如《矛盾论》中所举的众多例子一样，在数字中因为有矛盾才能够加减，在物理中因为有矛盾才能够相互作用，万事万物中正因为矛盾的存在，才能够各自发力，构建起一个完整的世界。

《矛盾论》中，强调了矛盾并非是事物在进行到一定阶段后才突然出现的特殊状态，而是自始至终在一切过程中都存在的普遍状态。无论是事物尚未发展抑或已经发展成熟之时，矛盾都是必然存在的。反思苏联，在斯大林时代，斯大林曾公开表明"社会主义社会没有矛盾"。他认为社会主义既已建成，一个理想的社会就已经成形，而理想的社会中不应该再有矛盾存在。因此苏联开始盲目地推动计划经济，完全无视市

场规律；近乎自大地迅猛发展重工业，却忽视了农业和轻工业，从而使国家表面上强盛起来，实际上人民的生活质量却下降了。由此激发出更多的矛盾无法解决，最终走向了解体的悲惨结局。这，就是忽略了矛盾的普遍性而犯下的错误。

回首自中国共产党建党以来，历经土地革命、抗日战争、新民主主义革命，最终建立起中华人民共和国；新中国成立以后，中国又历经社会主义改造和建设、改革开放，才一路走到今天。一直以来，我们都是在承认矛盾的基础上努力建设着一个社会主义的国家，我们的发展历程中有起也有落，并不是一帆风顺的。在困难时期，我们坚信能够战胜苦难；在顺利时期，我们也坚持居安思危，不忽视所存在的问题。我们明白，只有勇于正视矛盾、面对矛盾，并善于用妥善的方法化解矛盾，才是对待矛盾的最好方式。

改革开放 40 余年来，中国的发展成就已经举世瞩目，但我们并没有因为现今已取得的成就而故步自封，忘记了矛盾的普遍性。改革没有完成时，只有进行时。这是因为，矛盾的存在是绝对的，发展的不同阶段，我们势必会面临不同的问题和矛盾，而绝对不会存在没有任何问题和矛盾的时候。为解决这些各种各样的问题和矛盾，我们理应坚持改革，将所有不适应生产力发展的部分改造成为适应生产力发展的部分，从而促进社会发展。

在矛盾普遍存在的基础上，矛盾还有着特殊性，它表现为不同的事物有不同的矛盾，同一事物不同的发展阶段矛盾不同，同一事物同一发展阶段的不同矛盾有主次之分，同一矛盾内部对立面之间有主次之分。总而言之，矛盾普遍存在，但并非所有矛盾都可以用同一种方式加以解决。

正因为矛盾有着特殊性，《矛盾论》中才强调："研究问题，忌带主观性、片面性和表面性。"① 每一个矛盾都不尽相同，不能一以概之地看待。不带主观性地看问题，就是能够摒弃自己本身已有的偏见，理性客观地看待问题；不带片面性地看问题，就是不能只通过一个小细节来决定对于整个事物的看法，不可以在初步了解事物的一部分性质时就对其产生私见，而应该在全面了解后再下结论；不带表面性地看问题，就是不能只看事物所呈现出来的表面现象，不去把握事物的内里和实质。

中国在发展社会主义的过程中，由于认识到了苏联的建设经验不能直接应用到中国的建设之中，认识到了中国与世界其他国家有着不相同的悠久历史和发展条件，因此提出了要建设有中国特色的社会主义国家。这就是认识到了矛盾的特殊性，在承认中国与其他国家不一样的前提下，我们才能够根据自身的优势和劣势，去糟取精，查缺补漏，实现更有效的发展。

二、认识问题——抓住主要矛盾和矛盾的主要方面

在发现问题之后，我们需要通过认识问题来实现对问题的初步处理。认识问题的要义在于，能够抓住问题的主要矛盾和矛盾的主要方面，认识到问题如何从关键处落手，这样解决问题时候才能事半功倍。

主要矛盾在事物发展中处于支配地位、起决定作用，它规定和制约着次要矛盾；次要矛盾处于服从地位，影响主要矛盾的解决。二者在一定条件下发生转化。也就是说，在同一事物中可能存在多个矛盾，而这些矛盾中必然有一个是最主要的矛盾，其他则为次要矛盾。当然，主要矛盾也并非一成不变的，在事物发展过程中它可能会不断变化。

矛盾的主要方面规定事物的性质，是事物发展中的主流；矛盾的次要方面是事物发展中的支流，对矛盾的主要方面有影响，二者在一定条

---

① 毛泽东：《毛泽东选集》第 1 卷，人民出版社，1991，第 312 页。

件下可以发生转化。也就是说，在一个矛盾的内部，也有着许多的方面，仍然可以区分为矛盾的主要方面和次要方面。矛盾的主次方面也是会随着事物的发展发生变化的。在社会生产实践中，往往需要发挥主观能动性才能促成矛盾主次方面地位的转化。

中华人民共和国自十八大以来，进入了中国特色社会主义新时代，其根本原因在于，中国社会的主要矛盾，不再是"人民日益增长的物质文化需要同落后的社会生产之间的矛盾"，而是习近平总书记在党的十九大报告中强调指出的，"人民日益增长的美好生活需要和不平衡不充分的发展之间的矛盾"。①

中国在中国共产党的领导下，在不同的实践背景中深刻认识到矛盾的不断转化，并及时找出当时的社会主要矛盾，从而有针对性地抓住根本问题、制定根本任务，合理规划出工作重点，适应性地推进中国社会的发展。

在社会主义建设初期，中国由于缺少经验，也犯了不能正确认识社会主要矛盾的错误，以阶级斗争为纲，过分僵硬地强调立场、思想的准确性，引发了十年的"文革"灾难，文化衰落，思想闭塞，经济发展也几近停滞。到后来邓小平同志提出改革开放，就是为了解决中国在社会主义初期面临的一系列矛盾，从而为社会主义社会的发展扫清障碍。

如今，改革开放40余年，虽然有很多问题已得到解决，一些矛盾也已成功化解，但还是有很多新的矛盾不断出现，需要我们及时发现并加以解决。我们只有认清所处时代的主要矛盾及矛盾的性质，才能确定改革的性质，进行合理、适当的改善，不断进行中国特色社会主义的自我完善。

当然，我们也要清楚地认识到，有些事情必须改，有些事情可以

---

① 习近平：《决胜全面建成小康社会　夺取新时代中国特色社会主义伟大胜利》，人民网，http：//cpc. people. com. cn/19th/n1/2017/1027/c414395-29613458. html。

改，有些事情坚决不能改。我们的社会主义基本制度是绝对不能改的，同样反思苏联和东欧各国，正是因为动摇了共产党的执政地位，听信了"和平演变"的谎言，最终才亡党亡国，这个教训，我们不能不注意。

随着中国特色社会主义新时代的到来，中国社会的主要矛盾发生变化，中国的社会状况由"落后的社会生产"变成了"不平衡不充分的发展"，不再是一穷二白地艰苦奋斗，而是在很多领域有了新发展、新突破，在部分领域取得的成就能够在世界上遥遥领先，现如今的中国，可以骄傲地"屹立于世界之林"；可是，在另一些领域，依旧要依靠别人的技术，在医疗、住房等问题上，老百姓们仍然不能得到很好的保障，这意味着现在的中国社会依然存在矛盾，即"人民日益增长的美好生活需要和不平衡不充分的发展之间的矛盾"。

自中华人民共和国成立，中华人民"站起来"，解决了"挨打"的问题；自改革开放，中华人民逐渐"富起来"，解决了"挨饿"的问题；而中国特色社会主义新时代，象征着中国已经有能力迎接"强起来"的到来，有信心解决"挨骂"的问题。

矛盾必然存在，发展永不止步。在中国特色社会主义新时代，人民对美好生活的要求正不断提升，必然要重视对于民生问题的改善，这样才能让老百姓过上真正舒心的、放心的生活；改革开放40余年间解决了一些基本问题，目前已经进入攻坚区，要啃好硬骨头，解决更深层次的难题，让社会主义发展道路更加顺畅；发展的不平衡不充分这一问题更需要认真面对，努力协调，让"先富带动后富""人民共同富裕"成为现实。

矛盾的运动促进发展，认清不同时代、不同背景下主要矛盾的变化，针对主要矛盾、抓住根本问题、制定根本任务，抓住矛盾的主要方面加以重点管制，才能更切实可行地规划发展，迎接人民美好生活的新姿态。

三、解决问题——"具体问题具体分析"

在发现问题、认识问题之后，最重要的就是如何解决问题。"具体问题具体分析"作为马克思主义活的灵魂，在解决问题之时显得尤为重要。

在《矛盾论》中，还阐明了矛盾有着同一性和斗争性的特点。矛盾是事物之间或事物内部各要素之间既对立又统一的关系，"矛盾"既然是矛和盾的相互作用和相互影响，就不是一个可以抽象地单独概述的存在，而需要客观承认其拥有多个方面在相互对抗、相互转化。矛盾的各个方面彼此不同，与此同时，彼此相依才共同存在，这就是矛盾的同一性。

在《矛盾论》中，毛泽东同志特意指明了："对抗只是矛盾斗争的一种形式，而不是它的一切形式，不能到处套用这个公式。"① 这也就解释了很多人对于共产党的一个重大认识误区，即认为共产党提倡的就是通过武装斗争、暴力革命来换取无产阶级的胜利，但这其实是曲解了马克思主义。事实上，马克思主义认为，应该根据不同的时代背景和社会环境来灵活地选取革命的方式，各国无产阶级革命的形式要由各国无产阶级及其政党独立自主地决定，因为只有他们最了解本国国情和革命运动状况。马克思、恩格斯之所以强调暴力革命的必要性，也是因为在当时的历史条件和社会背景之下，暴力革命是最有可能有效、彻底地赢取政权的方式。即使如此，马克思、恩格斯也并没有排除无产阶级用和平方式夺取政权的可能性，而是认为只要时机成熟，无产阶级的力量足够强大、足够有智慧的时候，是可以通过和平方式来夺取政权的。

认清了矛盾的同一性和斗争性，以及对抗在矛盾中的地位，就不难明白对于矛盾的解决绝不是简简单单地可以套用什么定式来处理，而一

---

① 　毛泽东：《毛泽东选集》第1卷，人民出版社，1991，第336页。

定要根据其时代背景和矛盾所处的阶段，来制定切合其具体问题的具体分析、应对、解决方式。

在解决问题之后，我们不能忘记：旧的问题解决了，新的问题还会产生；旧的矛盾化解了，新的矛盾还会出现。我们不能在解决问题之后就得意自满，止步不前，而应该继续发现问题、认识问题、解决问题，实现处理问题的良性循环。

参考文献：

[1] 毛泽东. 毛泽东选集：第1卷 [M]. 北京：人民出版社，1991.

[2] 习近平. 决胜全面建成小康社会　夺取新时代中国特色社会主义伟大胜利 [A/OL]. 人民网，http：//cpc. people. com. cn/19th/n1/2017/1027/c414395-29613458. html.

（本文获北京体育大学马克思主义学院 2020 年度"拥抱经典每日打卡读书活动"优秀论文二等奖）

浅析邓小平科技思想的理论内涵及其时代价值

齐楠楠[①]

摘要：本文从邓小平科技思想的形成过程、理论内涵、时代价值三个方面来分析邓小平的科技思想。邓小平科技思想作为邓小平理论的重要组成部分，是对马克思、毛泽东等马克思主义者科技思想的继承和发展。邓小平的科技思想内涵丰富，体系完善，意蕴深远，是党的先进理论思想和智慧的结晶，具有强大的生命力。邓小平科技思想不仅有力地促进了 20 世纪中后期我国经济社会的复苏和发展，即使在现今国内外局势和科技水平发生重大改变的时代背景下，依然是我国科学技术和经济社会发展的指导思想。

关键词：邓小平；科技思想；理论内涵；时代价值

邓小平的科技思想内涵丰富，逻辑完整，是邓小平理论的重要组成部分，是对马克思列宁主义、毛泽东思想的继承与发展。研究学习邓小平的科技思想，对新时代把我国建设为科技强国具有重要的理论价值和现实意义。

一、邓小平科技思想的形成过程

1975 年邓小平在《关于国防工业企业的整顿》一文中提到"要发

---

① 作者系马克思主义学院 2019 级硕士研究生。

挥科技人员的积极性"，"科技人员应当受到重视"①，在《科研工作要走在前面》文章中要求"要给有培养前途的科技人员创造条件"② 并建立科技人员档案。之后在1977年邓小平又一次提出"我们要实现现代化，关键是科学技术要能上去。发展科学技术，不抓教育不行"，他深刻意识到"抓科技必须同时抓教育"，体现了他对教育工作、对人才的重视，并提出用以下观点指导国家的科技工作："一定要在党内造成一种空气：尊重知识，尊重人才……科技和教育，各行各业都要抓。"③ 强调了科技和教育的重要性。

　　1978年的全国科学大会开幕式上，邓小平在讲话中提出了几点论断，第一个是"科学技术是生产力"，这是马克思主义经济学中最基础的观点。邓小平认为作为生产力的科学技术，在经济社会发展和综合国力提升方面越来越显示出巨大的作用。深刻意识到科学技术就是生产力，正确认识到作为劳动人民一部分的脑力劳动者也是社会主义事业的建设者，这些观念的形成有助于我国科学事业的迅速发展。第二个是"四个现代化，关键是科学技术的现代化"④，邓小平认为脱离现代科学技术的支持，现代农业、现代工业、现代国防都将是纸上谈兵、空中楼阁，是不可能实现的目标和规划。与此同时如果无法从科学技术高速发展中获益并把握机遇，国民经济的高速发展也就不会有坚实的物质基础。第三个是"建设宏大的又红又专的科学技术队伍"⑤，邓小平认为科学技术现代化的真正实现，不应该只是对客观实在的科学技术的追求，更需要组建一支真正为人民服务的工人阶级的科学技术人才队伍，这其中就要有一大批世界第一流的科学家和工程技术专家等。这次讲话

---

①　邓小平：《邓小平文选》第2卷，人民出版社，1994，第26页。
②　邓小平：《邓小平文选》第2卷，人民出版社，1994，第33页。
③　邓小平：《邓小平文选》第2卷，人民出版社，1994，第40—41页。
④　邓小平：《邓小平文选》第2卷，人民出版社，1994，第86页。
⑤　邓小平：《邓小平文选》第2卷，人民出版社，1994，第91页。

标志着邓小平的科技思想理论体系基本形成。1986 年邓小平在会见美籍华裔学者李政道夫妇时谈道:"在发展科学技术方面,我们要共同努力。实现人类的希望离不开科学,第三世界摆脱贫困离不开科学,维护世界和平也离不开科学。"① 进一步强调了科学发展对中国发展的重要性。

马克思主义认为,科学技术是生产力,这一思想是邓小平科技思想的理论来源之一。1988 年邓小平纵观世界经济与科技发展态势,把握国内经济发展现状,第一次明确提出"科学技术是第一生产力"② 这一重大科学命题,体现了解放思想、实事求是的思想路线,标志着邓小平思想逐步走向成熟。邓小平在 1988 年的视察中谈到对中国科技发展的希冀与展望:"过去也好,今天也好,将来也好,中国必须发展自己的高科技,在世界高科技领域占有一席之地。"③ 邓小平深刻分析国际国内形势,充分意识到当今世界,科技水平的高低是决定社会能否进步的决定性力量,拥有高科技的国家和地区,是能够掌握经济社会发展主动权的,从而可以极大地变革劳动生产方式进而显著提高劳动生产率。在南方谈话中,邓小平又一次表达了自己对于科学技术发展的重视:"经济发展得快一点,必须依靠科技和教育。高科技领域的一个突破,带动一批产业的发展。我们要提倡科学,靠科学才有希望。"④ 这充分说明了经济发展与教育、科技的发展互相依赖,密不可分,我们必须不断在科技方面取得进步,才能更好地推动教育和经济的发展。

---

① 邓小平:《邓小平文选》第 3 卷,人民出版社,1993,第 183 页。
② 邓小平:《邓小平文选》第 3 卷,人民出版社,1993,第 274 页。
③ 邓小平:《邓小平文选》第 3 卷,人民出版社,1993,第 279 页。
④ 邓小平:《邓小平文选》第 3 卷,人民出版社,1993,第 370—383 页。

二、邓小平科技思想的理论内涵

（一）科学技术是第一生产力

1988 年邓小平在谈话中提道："马克思说过，科学技术是生产力，事实证明这句话讲得很对。依我看，科学技术是第一生产力"①，对科学技术的地位的论断也成为邓小平科技思想的核心。邓小平这一重要论断是根据中国社会主义建设发展实践和世界科技革命发展大势而提出的，具有深刻的理论内涵和时代价值。首先，它是基于马克思主义科技思想理论基础，根据世界科技革命日新月异的发展形势做出的科学研判。20 世纪以来，现代科技加速发展，科技创新转化为现实生产力的速度越来越快，已经远远超出了 19 世纪对科学的认知，重新界定科技在生产力中的地位是马克思主义与时俱进的理论品质的时代要求。其次，"科学技术是第一生产力"着重强调科学技术在生产力中处于第一位，是首要的、起决定性作用的因素，在社会历史发展中处于核心地位。"科学技术是第一生产力"的伟大论断是对社会发展规律的科学认识，对于解放和发展生产力、协调处理社会主义现代化建设中各方面的关系具有重要的指导意义，对于我党制定国家战略方针具有深远的影响。

（二）科学技术的发展离不开教育

知识分子是发展科学技术的主体，知识分子的地位直接影响着科学技术的发展程度。邓小平强调："改革经济体制，最重要的、我最关心的，是人才。改革科技体制，我最关心的，还是人才。"② 这是邓小平对知识分子高度重视的最直接表现。以邓小平为核心的党中央高瞻远瞩，充分肯定了知识分子的作用，认为他们在社会主义建设中占有重要地位，提出要把知识分子问题提升到战略方针、战略措施层面认真对

---

① 邓小平：《邓小平文选》第 3 卷，人民出版社，1993，第 274 页。
② 邓小平：《邓小平文选》第 3 卷，人民出版社，1993，第 108 页。

待，展现了邓小平科学的科技人才观。

邓小平同志高度重视教育在科技发展中的关键作用。他指出"抓科技必须同时抓教育"，在科技发展中，教育具有基础性作用，同时作为源动力推动科技的持续发展，没有教育做科技的后盾，科技发展就会成为无源之水、无本之木。邓小平指出："我们要把从事教育工作的与从事科研工作的放到同等重要的地位，使他们受到同样的尊重，同样的重视。"① 正因为科学和教育在国家经济发展和社会进步中具有举足轻重的地位，党和国家领导集体高度重视。发展教育和科技是我国全面实现小康社会的重要保障，只有坚定不移地大力发展教育，科技的发展才能焕发勃勃生机，经济、社会、民生才能蒸蒸日上。

（三）坚持党的领导，促进科技体制改革

良好的体制是一个组织机构健康发展和事业成功的保障。科学技术的发展，同样需要一个健全的体制保驾护航，激发强劲的内生动力。完善的科技体制是邓小平科技思想不可或缺的一部分，具有举足轻重的地位。他多次提到要建立合理的科技体制，他在《关于科学和教育工作的几点意见》一文中指出，"体制搞得合理，就可以调动积极性"②。在文中他还细致地指出了当时科技体制的一些问题，"科学、教育目前的状况不行，需要一个机构，统一规划，统一调度，统一安排，统一指导协作"③。虽然目前我国科技水平已大大提升，但是在很多行业和领域仍需继续攻坚克难，不断夺取科技发展的话语权和制高点。继续深化科技体制改革，是我国科学技术发展的时代要求，也是我国科技勇攀高峰的力量之源。

---

① 邓小平:《邓小平文选》第2卷，人民出版社，1994，第50页。
② 邓小平:《邓小平文选》第2卷，人民出版社，1994，第54页。
③ 邓小平:《邓小平文选》第2卷，人民出版社，1994，第52页。

三、邓小平科技思想的时代价值

（一）继承和发展了马克思主义科学技术和生产力理论

邓小平理论是马克思主义中国化的一大理论成果，也是中国共产党从实践中探索出的不同于苏联的社会主义建设经验的总结，其中的科技战略思想在整个理论体系中占有重要地位，不仅仅是因为其指导了中国的科技发展，从其学理性上看，更是对马克思主义经济学的继承与发展，即对马克思在《资本论》中提出的"科学技术是生产力"这一论断的丰富与拓展。继承性表现为邓小平认同科技在经济社会发展中的基础作用和基本功能，发展性表现为以下几个方面：强调基础研究在科技进步和社会发展中的重要性；认为科学教育体制改革与发展成效好坏的重要标志是人才的变化情况；认为科技发展的动力来源于对现有体制的不断改革，包括科技体制、教育体制、经济体制等；要将科技的不断发展和国家综合实力的不断提升归因于是社会主义制度优越性的充分体现。这些观点与论断都是基于最现实的客观世界的发展提出的，既是对中国发展局势的清醒认知，也是对世界科学技术发展趋势的合理研判。

邓小平指出："社会主义的优越性归根到底要体现在它的生产力比资本主义发展得更快一些，更高一些，并且在发展生产力的基础上要不断改善人民的物质文化生活。"①不存在脱离生产力孤立发展的现代科学技术，没有生产力也就不可能有社会主义经济的高速发展。在高科技发展方面，邓小平提出了"发展高科技，实现产业化"的思想，为科技发展提供科学指导；在经济发展方面，邓小平提出了"科学技术是第一生产力"的思想，强调科学技术的发展对经济发展的重要作用，为我国经济增长方式的根本转变提供了凭借；在科技体制和经济体制改革方面，邓小平认为"要进一步解决科技和经济结合的问题"，指明了体

---

① 邓小平：《邓小平文选》第 3 卷，人民出版社，1993，第 63 页。

制改革的方向。

（二）促进了我国科学技术的发展和社会主义现代化建设

邓小平的科技观内涵丰富，提出了"科学技术是第一生产力"的思想，奠定了邓小平科技观的核心地位；"尊重知识，尊重人才"的思想表明了其对人才的高度重视；重视高科技的发展，主张以高科技的进步带动其他产业的发展，重视科学技术人才的培养，提出要"建设宏大的又红又专的科学技术队伍"等。在邓小平科技观的指导下，党和国家采取了一系列具体措施，使得我国科学技术领域发展迅速，科技体制和经济体制改革工作也获得成效，极大促进了社会经济发展和我国社会主义现代化建设。当今世界，国际范围内正在酝酿新一轮科技革命和产业变革，为适应更高水平的科学技术革命和产业领域变革，诸多发达科技大国先后出台应对措施，新一轮的技术革命正使得全球商品服务供给体系发生显著变化。我们必须把握历史机遇，努力在危机中育新机、于变局中开新局，将其转变成我国经济发展的巨大内驱力。

四、结语

邓小平的科技思想，在继承马克思主义基本原理的基础上，结合国内外经济科技发展形势，开创性地提出系统推动中国科技事业发展的方针政策，极大促进了中国科技事业的发展。邓小平的科技思想是邓小平理论的重要组成部分，是马克思主义中国化一大重要理论成果。在第四次科技革命进行得如火如荼的今天，深入发掘邓小平科技思想的理论内涵和时代价值，有助于进一步推进供给侧结构性改革，加快增长动能转换，更好实现市场在资源配置中的决定性作用，加快推进国家治理体系和治理能力现代化，更快更好地建设现代化经济体系，为全面建成小康社会，实现两个一百年奋斗目标，进而实现中华民族伟大复兴的中国梦提供有力保证。

参考文献：

［1］邓小平. 邓小平文选：第1卷［M］. 北京：人民出版社，1994.

［2］邓小平. 邓小平文选：第2卷［M］. 北京：人民出版社，1994.

［3］邓小平. 邓小平文选：第3卷［M］. 北京：人民出版社，1993.

［4］方堃. 邓小平科技思想探析［J］. 大庆社会科学，2019（03）.

［5］倪兆亮. 浅论邓小平科技思想的系统结构［J］. 黑河学刊，2015.

［6］周士跃. 论邓小平科技思想的理论意蕴与价值［J］. 邓小平研究，2018（05）.

（本文获北京体育大学马克思主义学院2020年度"拥抱经典每日打卡读书活动"优秀论文三等奖）

马克思"拜物教"批判考察

——基于《资本论》的文本分析

仲葆玥①

摘要：《资本论》一书是马克思创作的政治经济学著作，其出版为马克思主义政治经济学树立了伟大的里程碑。在北京体育大学经典阅读活动中，作者所在小组一同自行学习《资本论》第一卷内容，通过对文章的阅读与理解以及对马克思其他经典著作有关政治经济学内容的思考，从理论形成背景、理论内容以及理论的现实意义三方面来重点探讨马克思的拜物教批判理论。中国特色社会主义的经济理论发展及创新，也需要《资本论》作为理论基础来加以指引。为了推动我国经济稳定、持续、高效地健康发展，重读《资本论》，研读其中的马克思拜物教批判理论是很有必要的。

关键词：资本论；拜物教批判；政治经济学；马克思

马克思在《黑格尔法哲学批判》一文中的描述可以很好地表达其理论的批判性，马克思主义可以说是一种"对现存的一切进行无情的批判"，并"在批判旧世界中发现新世界"的批判理论。而他的这种批判理论，在《资本论》的"政治经济学批判"中得到集中体现。其中

---

① 作者系马克思主义学院 2019 级硕士研究生。

"拜物教批判"属于马克思主义批判理论中的研究热点，马克思在《资本论》一书中细致讲述了对商品、货币、资本三大拜物教的批判。马克思通过拜物教理论开创了一种前所未有的理论视野。根据现存的大体研究成果来看，大多数学者习惯将三大拜物教合并探讨，总体使用"拜物教"这个概念，并且主要以《资本论》一书为立足点。

一、拜物教理论形成背景

拜物教理论的形成，或者说《资本论》创作的动因，同当时社会环境下资本主义的发展特点有着密切关联。从文化发展情况来看，在英国，政治经济学不断发展并逐渐走向成熟，特别是当时的英国资本主义经济发展水平，居于各国之首，英国古典经济学的发展使其资产阶级的性质更加浓厚，为当时资本主义的发展提供了比较坚实的理论支撑；而从创作环境来看，随着资产阶级性质的改革与革命发展，资本主义生产在当时空前发展，并在世界各地不断蔓延，这便为马克思拜物教批判创造了一定的理论环境。

在资本主义不断扩张的大环境之下，社会各个阶层的物质财富积累不断增加，资本主义的剥削、垄断和私人占有更进一步加深了当时的社会矛盾，广大工人的利益被损害，贫富差距使得矛盾日益激烈，社会两极分化也逐渐拉大，私有制商品经济条件下私人劳动和社会劳动之间的矛盾通过商品的运动、价值的运动、货币的运动决定商品生产者命运。这就使得商品生产者认为商品、货币似乎是物的自然属性，人与人之间的社会关系逐渐被商品与商品交换这种物与物的关系所掩盖，这对于揭示资本主义经济制度特别是其中的拜物教理论具有重要作用。

二、《资本论》中马克思"拜物教"批判内容

"拜物教一词，主要指在超自然的性质的信仰里对某种特定物的崇

拜，它是一种宗教范畴，马克思认为那是一种宗教性质的环境。"①在马克思的《黑格尔法哲学批判》一文中，我们可以看到这样的描述："宗教是人民的鸦片"，意为宗教其实是人类亲手造就的。这一思路同样延续在马克思《资本论》中对于拜物教的批判："商品形式在人们面前把人们本身劳动的社会性质反映成劳动产品本身的物的性质，反映成这些物的天然的社会属性，从而把生产者同总劳动的社会关系反映成存在于生产者之外的物与物之间的社会关系。由于这种转换，劳动产品成了商品，成了可感觉而又超感觉的物或社会的物。"② 具体而言，马克思对"拜物教"的解释为：人们在商品的世界之中膜拜着自己双手的产物，就如同在宗教世界里膜拜着自己头脑的产物一样，即对于"物"的所谓崇拜实际上只是一种幻象，我们应该明白这种"物神"在本质上其实也是由人所创造的，而传统的拜物教思想却要"立刻忘记这些神正是它亲手创造的"。

"劳动产品一旦作为商品来生产，就带上拜物教性质，因此拜物教是同商品生产分不开的"③，马克思主要在《资本论》第一卷第一章中讲述了商品拜物教理论，由这一章的商品拜物教理论开始，其展开了对于后续章节中关于货币拜物教、资本拜物教等的论述，这些论述共同构成了马克思拜物教理论的完整结构框架。

马克思《资本论》中的拜物教批判理论，首先分别是对于商品拜物教、货币拜物教和资本拜物教三大拜物教的分析，揭示了商品、货币以及资本是怎样成为人们的膜拜物的，解释了人们把物背后体现的人与人之间的社会关系看作为物本身所有的这种错误的认知导致了对物的崇

---

① 刘晓君：浅析马克思商品拜物教的批判——从〈资本论〉视角，《公关世界》2020年第 14 期。

② 中共中央马克思恩格斯列宁斯大林著作编译局：《马克思恩格斯文集》第 5 卷，人民出版社，2009，第 89 页。

③ 中共中央马克思恩格斯列宁斯大林著作编译局：《马克思恩格斯文集》第 5 卷，人民出版社，2009，第 90 页。

拜。从商品到货币再到资本，人们形成"拜物"的过程也是一个对人的统治逐渐加深的过程，待发展为资本时，资本已经完全取代人成了主体。实际上马克思的这种分析方法，就是把人们都当作最普通、最自然而然的概念进行分析，然后戳破这些概念"自称为本质"的虚假谎言。

对于商品而言，劳动是天生存在的，而金钱的标签是后天被人为附加上的；而在商品拜物教中，将正确的认知颠倒了，认为金钱的标签是天生存在的，而劳动却是被后天添加的产物。所以马克思曾经讽刺过，很多庸俗的经济学家认为商品首先不是拿来用的，而是首先拿来卖的，进而他们试图分析金钱的标签天生存在于商品的哪里，但是他们怎么寻找也找不到。

三、马克思对拜物教特点的揭示

（一）商品拜物教伴随着商品经济的发展而产生，其产生于商品货币关系，而不是产生于私有制本身

马克思曾言："要找一个比喻，我们就得逃到宗教世界的幻境中去。在那里，人脑的产物表现为赋予生命的、彼此发生关系并同人发生关系的独立存在的东西。在商品世界里，人手的产物也是这样。我把这叫作拜物教。劳动产品一旦作为商品来生产，就带上拜物教性质，因此拜物教是同商品生产分不开的。"[1] 这表明拜物教同商品生产相互关联，商品拜物教的发展是伴随商品经济的发展而得以进行的。在《资本论》中马克思继续表述："商品交换是在共同体的尽头，在它们与别的共同体或其成员接触的地方开始的。"[2] 这段话则充分表明，在历史之中，是先有商品交换，后有私有制发展。

---

[1] 中共中央马克思恩格斯列宁斯大林著作编译局：《马克思恩格斯文集》第 5 卷，人民出版社，2009，第 90 页。

[2] 中共中央马克思恩格斯列宁斯大林著作编译局：《马克思恩格斯文集》第 5 卷，人民出版社，2009，第 107 页。

（二）拜物教的发展程度受社会制度、社会意识形态以及人们自觉利用价值规律的程度的制约

对于简单商品生产者来说，商品、货币的神秘性质带来的影响应表现为不解以及虔诚地迷信；而在资本家身上，这些神秘色彩的影响则主要表现为对利益的疯狂追求以及纯粹的拜金主义。

马克思指出："资本家的灵魂就是资本的灵魂，最大限度地追求剩余价值、一本万利就是资产阶级一切经济活动的唯一目的。""在资产阶级看来，世界上没有一件东西不是为金钱而存在的。"①

（三）拜物教属于历史发展的产物，具有历史暂时性

1. 商品具有历史暂时性

商品在一开始是不存在的，而它存在之后也并不是永恒的，它有着属于自己的存在条件。

马克思举例分析社会劳动借以实现的不同历史形式中，在社会劳动依附于农奴形式的"欧洲昏暗的中世纪……劳动和其产品不用采取与它们的实际存在不同的虚幻形式，人们在劳动中的社会关系没有披上物之间的社会关系的外衣"②，这说明在依附于农奴形式的历史时期，商品没有达到能够生存的条件。

商品拜物教产生的必然性就是商品经济。因为在商品经济里，商品本身生产出来的目的不是使用，而是交换，因此，交换在商品经济里被赋予了更加重于使用的地位，这也就使得商品拜物教——这种崇拜商品和商品交换的拜物教成了必然，只要有商品经济存在，商品拜物教就不会停止。

完全消除商品拜物教的根本办法在于改变以商品形式为主导的资本主义社会结构，马克思还设想了一个用以消灭商品拜物教的形式："自

① 马克思：《资本论》（第1卷）[M]，人民出版社，1975，第91页。
② 中共中央马克思恩格斯列宁斯大林著作编译局：《马克思恩格斯文集》（第5卷）[M]，人民出版社，2009，第95页。

由人联合体"，"他们用公共的生产资料进行劳动，并自觉地把他们许多个人劳动力当作一个社会劳动力来使用"①，在那里，劳动并不表现为劳动产品的价值也并不表现为劳动产品带有的物的属性，生产者们不交换自己的产品，个人劳动体现在总劳动中，属于总劳动的组成部分②，而商品在这个"集体的、以生产资料公有为基础的社会"中渐渐消亡。马克思指出："一旦我们逃到其他的生产形式中去，商品世界的全部神秘性，在商品生产的基础上笼罩着劳动产品的一切魔法妖术，就立刻消失了。"③

2. 货币具有历史暂时性

不仅商品会随着存在条件而消失，货币作为商品交换的中介同样会随着商品的消失而消失。在马克思的表述中，货币只要不再同商品、价格以及商品流通产生联系，它所存留的便只有金属的性质，而货币不再是货币，它的经济存在就消失了。

3. 资本具有历史暂时性

马克思在《资本论》第一卷中也明确论述了资本的历史性："随着资本集中的发展，贫困、压迫、奴役、退化和剥削的程度的不断加深，工人阶级的反抗的不断增长，矛盾最终将激化到这样一种程度——资本主义私有制的丧钟就要响了，剥夺者就要被剥夺了。"④ 不仅第一卷，在其《资本论》第三卷中也有类似的论述。在马克思眼中，资本是"历史上暂时的、相对的而不是绝对的生产形式"⑤。

---

① 中共中央马克思恩格斯列宁斯大林著作编译局：《马克思恩格斯文集》第5卷，人民出版社，2009，第96页。
② 广松涉：《物象化论的构图》，彭曦译，南京大学出版社，2009，第35页。
③ 中共中央马克思恩格斯列宁斯大林著作编译局：《马克思恩格斯文集》第5卷，人民出版社，2009，第93页。
④ 中共中央马克思恩格斯列宁斯大林著作编译局：《马克思恩格斯文集》第5卷，人民出版社，2009，第96—97页。
⑤ 中共中央马克思恩格斯列宁斯大林著作编译局：《马克思恩格斯全集》第35卷，人民出版社，2013，第251页。

对于资本主义剥削，作者显示出一种超然的态度。固然在感情上，革命者马克思憎恶剥削者，但是具体的剥削者个人，在他看来却仅仅是"一定的阶级关系和利益的承担者"，这种认识表现出一种豁达的人道主义的精神，但是也隐含着一种逻辑上的必然性和可能性：唯有消灭"一定的阶级关系和利益"，才能消灭剥削者；只消灭生产关系，而不消灭肉体。

所以，工人阶级的革命虽然展现的是暴力，但却绝不等同于血腥的屠杀。

四、资本论拜物教批判理论的现实意义

（一）《资本论》文本的理论意义

马克思的《资本论》文本具有深刻的理论意义，其以剩余价值学说为基础，深刻地揭示了资本主义剥削的秘密，对于资本主义进行了严厉的指控，用马克思主义思想武装工人的头脑，完成了政治经济学上的一次伟大的革命。

1. 完善并发展了马克思主义剩余价值论

剩余价值学说是揭示资本主义剥削实质的基础，是马克思政治经济学说的核心概念。在《资本论》第一卷中，马克思研究探讨了资本的直接生产过程，深刻地揭示了作为阶级关系的资本的本质，并重点阐释了剩余价值论。在《资本论》第一卷第七章中，马克思详细论述了剩余价值、剩余劳动时间、剩余劳动及剩余价值率的产生过程，总结出剩余价值即雇佣工人在超出必要劳动时间外的生产过程中所产生的，被资本家无偿占有并不为工人形成任何价值的那一部分价值。马克思的剩余价值论与当时所处时代的特点有着密切联系，体现了浓厚现实性。

2. 为马克思拜物教批判理论的发展奠定了基础

在拜物教理论领域的发展阶段中，马克思所著的《资本论》中对于拜物教的研究理论占据重要的地位。《资本论》内容中包含的商品拜

物教、货币拜物教以及资本拜物教三大拜物教形式共同构成了拜物教批判理论体系内较为全面的内容，更是成为其他拜物教批判研究的重要基础。

（二）马克思商品拜物教批判于中国的启示

中国经过 40 多年的改革开放历程，商品经济取得巨大发展，资本力量也日益显现。而在这种情形之下，拜物教观念也逐渐渗透到了人们的日常思维之中。因此揭示商品、货币和资本的拜物教性质的《资本论》等包含马克思拜物教批判理论的内容，需要我们重新关注。

1. 要正确认识中国特色社会主义环境下的商品、货币、资本拜物教

在我国社会主义市场经济条件下，不仅仅存在公有制经济，还存在许多种类的非公有制经济，在公有制同非公有制经济并存的基础之上也极可能产生商品拜物教，这同马克思所论述的商品拜物教产生的根源应是一致的。既然商品、货币拜物教的存在具有客观必然性，我们处于会出现拜物教的社会主义市场环境之中，就应该正确认识这种拜物教。但这并不意味着商品、货币拜物教对社会主义市场经济的发展起到积极作用，更不是说应放任商品、货币拜物教发展、对其视而不见，只是对于中国特色社会主义环境下的拜物教要有深层内核上的了解，才能保持清醒的头脑，找寻更为适合中国特色社会主义发展的道路。

2. 加强宣传社会意识形态中占主导地位的马列主义思想，深化发展中国化的政治经济学理论

我们在学习《资本论》以及其他马克思主义著作时，重中之重是要在其中认识资本主义的规律和矛盾，以及从中探寻推翻资本主义的方式方法。1992 年邓小平同志南方谈话后，党和国家的根本任务被确立为集中力量进行改革开放和现代化建设。在中国社会主义现代化建设的道路上，中国在共产党的领导下，在马列主义的指引中不断探索中国道路，推进社会公平正义，维护资本与劳动平衡发展，收获了许多宝贵的

经验教训，这也为深化符合中国国情的马克思主义政治经济学提供了丰富的素材。在笔者看来，中国广大民众的物质生活水平如果想再有一个提高，社会公平正义如果想再有一个强化，就必须立足于改革开放的总体精神与社会经济的具体状况去发展和创新《资本论》中的马克思主义精髓。因此，中国应在加大对于马克思主义思想传播的同时，探讨解决社会主义市场经济中出现的新问题，书写富有中国时代精神的"资本论"，为马克思主义中国化的发展进程添光加彩。

参考资料：

[1] 刘晓君.浅析马克思商品拜物教的批判——从《资本论》视角 [J].公关世界，2020（14）.

[2] 薛俊强.《资本论》的政治经济学批判精神与时代价值——对当代中国马克思主义政治经济学创新的几点思考 [J].厦门大学学报（哲学社会科学版），2020（03）.

[3] 王维平，高耀芳."人之为人"旨归的《资本论》劳动伦理思想解析 [J].福建师范大学学报（哲学社会科学版），2020（02）.

[4] 杨乔乔.《资本论》现代性维度阐释及其时代意义 [J].马克思主义理论学科研究，2020（01）.

[5] 白刚，部爽.《资本论》：马克思的"批判理论" [J].马克思主义与现实，2019（05）.

[6] 刘召峰.马克思拜物教批判的三重指向与历史性自觉 [J].马克思主义研究，2019（04）.

[7] 赵广山.马克思商品拜物教理论及其对发展社会主义市场经济的意义 [J].经济评论，1996（03）.

[8] 熊映梧.资本主义商品制度和资产阶级法权——《资本论》读书笔记之一 [J].黑龙江大学学报（哲学社会科学版），1975（02）.

[9] 邱泰如.《资本论》理论的形成和研究方法的运用——兼论中

国特色社会主义政治经济学若干相关问题［J］.理论月刊，2017（07）.

［10］李弦.马克思拜物教批判的双重向度及其当代之维［J］.理论月刊，2020（05）.

［11］卢卉.马克思商品拜物教批判理论研究［D］.赣南师范大学，2017.

［12］刘梦媛.马克思拜物教批判理论研究［D］.吉林大学，2020.

［13］中共中央马克思恩格斯列宁斯大林著作编译局.马克思恩格斯文集：第5卷［M］.北京：人民出版社，2009.

（本文获北京体育大学马克思主义学院2020年度"拥抱经典每日打卡读书活动"优秀论文三等奖）

浅谈列宁《论社会主义》对中国道路探索的启示

白　雪①

摘要：十月革命胜利后，面对着俄国这样一个经济文化落后的现实，列宁就如何建设社会主义的问题进行了艰辛的探索，提出了一系列战略思想，对当时俄国的社会主义建设起到了重要的作用。列宁对社会主义的探索是马克思主义的重要组成部分，它全面继承和发展了马克思、恩格斯关于社会主义的理论，是探索和构建中国特色社会主义的重要思想源泉。

关键词：列宁；社会主义；中国特色社会主义

列宁在新经济政策实施之后，就经济、政治、文化等各个领域的建设提出了一系列新观点，这些新观点与他之前的观点大大不同，逐渐形成了与马克思关于共产主义第一阶段的思想有着明显区别的、具有新质的社会主义思想，找出了社会主义建设的现实主义方法，并自始至终地进行了创造性的探索和发展。

一、列宁对社会主义的充分认识

"什么是社会主义、怎样建设社会主义"是经济文化落后国家社会

---

① 作者系马克思主义学院 2018 级硕士研究生。

主义建设首要的理论问题。而是否能够准确地弄清楚这个基本问题，深刻地把握并遵循符合本国国情和时代特征的社会主义建设规律，事关这些国家社会主义建设事业的兴衰成败。列宁晚年的探索从某种意义上，就是在俄国这样一个落后国家里对"什么是社会主义、怎样建设社会主义"的不断思索与实践。十月革命之后，面对贫穷落后的俄国，搞什么样的社会主义、怎么搞社会主义，马克思、恩格斯在书本中没有谈及过，更没有留下可供指导的具体资料，在这种情况下只能靠自己来找出路。对此，有两种选择：一是将马克思、恩格斯关于向社会主义过渡的一些设想在俄国诉诸实践，战时共产主义便是其集中体现。"在估计可能的发展道路时，我们多半（我甚至不记得有什么例外）都是从直接过渡到社会主义建设这种设想出发的，这种设想也许不是每一次都公开讲出来，但始终是心照不宣的。"① 结果在实践中折弯了腰，留下沉痛的教训。二是正视俄国的具体国情，采取一些特殊的办法来进行社会主义建设，采用新的政策来推进经济社会的发展，把马克思主义的基本原理与本国和平时期具体实际结合起来，使得苏俄建设出现了勃勃生机，取得了较大的成就。正是这样从正反两方面的探索中，列宁认识到自己所处的是前人不曾经历的经济文化落后国家，在这样一个国家，社会主义从理论变成了现实，从书本来认识社会主义已经成为历史，现在只能根据时代需要以及本国的具体国情来认识和建设社会主义，探索具有自己国家特色的社会主义迂回发展道路。从总体来看，列宁对什么是社会主义、怎样建设社会主义的问题的探索，尽管提出了许多创新且符合实际需求的思想，但由于受时代条件的限制，他的相关探索还只是初步的。

中国是一个比原先的俄国更加落后的东方大国，在社会主义基本制

---

① 中共中央马克思恩格斯列宁斯大林著作编译局：《列宁全集》第 42 卷，人民出版社，1987，第 219—220 页。

度建立之后，如何建设社会主义对于中国共产党来说是一个崭新的探索。人们对怎样走适合中国国情的社会主义建设道路缺少经验认识，加上复杂的国际环境的影响，我们党在探索社会主义建设道路上出现了失误和曲折，留下了沉痛的历史教训，"我们总结了几十年搞社会主义的经验，社会主义是什么，马克思主义是什么，过去我们并没有完全搞清楚"。① 十一届三中全会召开后，我们党重新确立了党的思想路线、政治路线和组织路线，实现了指导思想上的拨乱反正，开始了社会主义建设的新探索。我们党坚持把马克思主义与中国实际相结合，紧紧围绕着中国这样一个经济文化都非常落后的具体、现实国情，就如何推进社会主义建设这个主题展开深入的理论探索，同时，以宽广的眼界、积极的精神去探寻社会主义发展史上的思想资源与理论启迪。邓小平系统地回答了"什么是社会主义、怎样建设社会主义"这个根本问题，他关于社会主义本质的相关论述，把对社会主义的认识提高到新的水平，在此指导下，我们党制定了社会主义初级阶段的基本路线。但是，认识并搞清楚这个问题不是一蹴而就的，它经历了一个艰难的、不断的探索过程。实践无止境，理论探索认识也无止境，在"什么是社会主义、怎样建设社会主义"这个根本问题的探索上，从列宁晚年思想到中国特色社会主义构成了认识过程中的接力赛，列宁的理论总结和实践探索给予我们以深刻的借鉴与启示，我们的认识又实现了对其的超越和创新。正如邓小平所说："我们搞改革开放，把工作重心放在经济建设上，没有丢马克思，没有丢列宁，也没有丢毛泽东。老祖宗不能丢啊！问题是要把什么叫社会主义搞清楚，把怎样建设和发展社会主义搞清楚。"② 由此来看，对社会主义的充分认识是走正确道路的必然要求。

---

① 邓小平：《邓小平文选》第 3 卷 [M]，人民出版社，1993，第 368 页。
② 邓小平：《邓小平文选》第 3 卷 [M]，人民出版社，1993，第 369 页。

二、中国特色社会主义道路与列宁对社会主义的探索一脉相承

为什么列宁晚年和当代中国这样不同的国家、不同的历史时期在社会主义建设理论上会有可借鉴性，使得列宁晚年思想能够在中国得以继承、运用和发展呢？原因在于，除了我们在思索"什么是社会主义、怎样建设社会主义"这个根本问题时与列宁晚年的探索具有相通性之外，还与中、俄两国相似的历史、国情和所处的国际背景等相关境遇有着密切的关系。

中国共产党是在列宁亲自领导下的共产国际的帮助下成立的。在长期的革命斗争中，我们党把马克思列宁主义与中国实际相结合，走出了一条具有中国特色的革命道路，取得了革命的最后胜利。

第一，从两国历史上的政治文化来看。中国和俄国都深受封建思想意识的影响，具有相似的文化心理。俄罗斯民族和国家的政治文化比较奇特，有时甚至各种自相矛盾的特征都叠加在一起。在专制统治的长期积淀下，造成了俄国人民对国家的依赖感，甚至蜕变成对王权、专制集权的认同，个人价值认同普遍缺失，在一定意义上，也就意味着他们的民主、自由、法制人权等观念异常薄弱。中国是一个东方的文明古国，有着长达几千年的封建社会，特殊的地理环境使得中国人更多追求一种稳定与平和，表现在文化上就是儒家所倡导的"大一统"，至汉代以后以此形成了一整套政治文化体系，在其中君权具有至尊性，处于绝对主宰地位，人民只能顺从君权。由此可见，我们的历史传统也是人民对专制君权的依附，且其随着历史的发展而逐渐形成文化心理的积淀。苏俄时期和当代中国所面临的人民大众的这种思想意识状况，使得两国在社会主义建设中都有一个受封建等旧思想影响的问题。因此，这种相似性使得列宁晚年思想与当代中国建立起理论上的相互借鉴性。

第二，从两国的国情看。中国和俄国都是经济文化落后的国家，农民占人口多数。俄国是一个经济文化落后的国家，尽管 1861 年改革农

奴制的俄国被资本主义的俄国代替了，但与其他国家资本主义发展相比较，直到 20 世纪初，俄国比西欧最落后的国家还要落后，与经济落后相对应的是农民占人口的大多数。十月革命胜利之后，列宁在谈及俄国的实际时，仍指出俄国曾经是而且现在还是一个小农国家。对比来看，中国在改革开放之后，经济社会迅速发展，国家面貌发生了很大的变化，甚至经济的总量位居世界前列。但是就总体、人均而言，我们的城市化、现代化的道路依然任重而道远。因此，类似的国情也印证了列宁思想与当代中国之间必然可以进行理论的比较与借鉴。

第三，从所处的国际环境看。中国和俄国都面对"资强我弱"的现实。十月革命的炮响，宣告了一种与资本主义不同的、新的社会制度——社会主义制度的诞生。按照马克思主义传统理论，社会主义革命是世界性的事业，且首先爆发在西欧，直至 1919 年，列宁和布尔什维克党一直引颈以待欧洲无产阶级革命的爆发。但随着革命在西方走向低潮，苏俄不得不面对一个与自己不同制度的西方世界，不得不与其共处，争取与资本主义和平往来成为列宁思考的重要问题。1921 年新经济政策实施后，布尔什维克党把工作重心真正转移到经济建设方面。在经济建设客观需要的驱动下，列宁对"两制"的认识进一步发展到利用资本主义建设社会主义，引进外国的资金、技术，并且从外界现实的条件来说，俄国已经具备了快速发展经济的条件，因为俄国有丰富的自然资源以及庞大的市场，在此诱惑下，"资本主义列强近年来最迫切、最实际和表现得最突出的利益，要求发展、调整和扩大同俄国的贸易"。①但与此同时，苏俄仍面临着国际帝国主义势力敌视的复杂环境，它们并没有因干涉的失败而放弃颠覆俄国的企图，正如列宁就实现租让制所带来的风险指出的："只要我们苏维埃共和国还是紧挨着整个资本

---

① 中共中央马克思恩格斯列宁斯大林著作编译局：《列宁全集》（第 40 卷）[M]，人民出版社，1986，第 61 页。

主义世界的一个孤立地区，那种认为我国经济完全可以独立和各种各样的危险已经消失的想法，就是十分可笑的幻想和空想。"①

三、结语

列宁对社会主义的探讨是围绕着经济文化落后国家建设社会主义所进行的初步探索，而中国特色社会主义建设仍然是为了解决这一重大课题进行的探索。中国特色社会主义建设实践与列宁晚年思想有许多契合之处，如果说列宁晚年关于社会主义建设的新思想标志着经济落后国家发展社会主义的一种新理论形态的萌芽，那么中国特色社会主义理论的产生则标志着这种新理论形态进一步的完善与深化。深入挖掘列宁《论粮食税论》《论黄金在目前和在社会主义完全胜利后的作用》《十月革命四周年》《论合作社》等著作，发掘其思想理论的精华，将会对我们的具体实践提供坚实的基础，对认清中国制度的优势有着深远意义。

参考文献：

［1］蔡亚志.列宁利用资本主义思想与中国特色社会主义道路［J］.湖北经济学院学报，2008（01）.

［2］石镇平.社会主义初级阶段是向社会主义迂回过渡的初级阶段［J］.延安大学学报（社会科学版），2010（03）.

［3］杨美勤.列宁晚年社会主义思想研究（1921—1924）［D］.华中师范大学，2015.

［4］徐凤莉.农民政策演进中的理性维度及展望［J］.沈阳师范大学学报（社会科学版），2010（04）.

［5］马立党.列宁新经济政策理论的创新路径探析［J］.前沿，

---

① 中共中央马克思恩格斯列宁斯大林著作编译局：《列宁全集》（第40卷）［M］，人民出版社，1986，第63页。

2006 (04).

（本文获北京体育大学马克思主义学院 2020 年度"拥抱经典每日打卡读书活动"优秀论文三等奖）

浅析《中国革命和中国共产党》

刘书越①

摘要：《中国革命和中国共产党》是抗日战争时期毛泽东对中国近代社会的变迁、社会性质、社会主要矛盾、中国革命的对象与任务以及中国革命的两重任务和中国共产党的历史使命作出的详尽分析。毛泽东在这篇文章中不仅对中国社会各个阶级的革命性质进行了详细的分析，同时也明确提出了较为系统的"新民主主义革命"的观点。文章所运用的分析、研究的方法和角度，对于不同时期社会主要矛盾的判断，以及对于社会革命的论断，不仅对于当时中国革命形势的判断起到了重要作用，对现在社会研究也有着重要的借鉴作用。

关键词：中国革命；中国共产党；新民主主义革命

《中国革命和中国共产党》是抗日战争时期由毛泽东和其他几位同志在延安合作写作的，文章分为两个章节，第三章《党的建设》由于没有完稿而停止。文章中对中国近代社会的变迁、社会性质、社会主要矛盾、革命的对象与任务等以及中国革命的两重任务和中国共产党所肩负的历史使命作了详尽分析。《中国革命和中国共产党》一文第二部分所占比重较大，不仅对中国社会各个阶级的革命性质进行了详细的分

---

① 作者系马克思主义学院 2019 级硕士研究生。

析，同时也明确提出了"新民主主义革命"的观点，这一点在毛泽东后来所写的《新民主主义论》中也得到了发展。《新民主主义论》《〈共产党人〉发刊词》和《中国革命和中国共产党》等文章，初步构建起新民主主义革命话语体系的主体框架。①《中国革命和中国共产党》一文对中国革命事业的意义重大。

一、主要内容

《中国革命和中国共产党》根据中国近代以来社会性质的变化，具体分析了当时革命的对象、任务等问题，通过对不同阶级的划分和分析，明确了不同阶级中的各个阶层对革命的态度，即哪些阶级是革命的对象、哪些阶级是革命的动力和同盟，通过对实际情况的分析把握制定了符合中国具体实际的战略，提出了新民主主义革命的概念，强调了中国共产党在革命中的领导作用。

（一）对中国社会的分析

第一章对中国经历的历史时期的社会性质和不同社会的不同社会矛盾作了详尽分析。第一节主要介绍了中华民族自古以来的发展，并且指出认清中国社会的性质、认清中国的国情，乃是认清一切革命问题的基本根据；第二节则对封建社会的经济制度和政治制度进行了简要的分析，由经济制度和政治制度的特点，分析出封建社会的主要矛盾是农民阶级和地主阶级之间的矛盾；第三节分析了中国社会现在所发生的一系列变化引起的阶级和社会主要矛盾的变化。鸦片战争后中国逐渐沦为半殖民地半封建社会，毛泽东认为中国封建社会的商品经济中孕育着资本主义经济的萌芽，帝国主义侵入中国，一方面促进了自然经济的解体和资本主义的发展，另一方面，帝国主义侵入中国并不是为了中国社会的

---

① 李永进：〈新民主主义论〉与中国革命话语体系的建构，《社会主义研究》2014年第3期。

发展进步，而是为了把独立的中国变成他们的半殖民地和殖民地，阻碍中国资本主义的发展。中国无产阶级的产生和发展，不仅伴随着民族资本主义的发展，更是帝国主义压迫下的直接产物，帝国主义和封建主义的双重压迫，也使得中国的人民群众，尤其是农民阶级所受的苦难大大加深了，因而帝国主义和中华民族的矛盾、封建主义和人民大众的矛盾，是近代中国社会的主要矛盾。

毛泽东对中国社会的分析是层层递进的，从我国封建社会的性质和特点入手，指出封建社会对于农民阶级的经济剥削和政治压迫，点出封建社会变革的迫切要求和农民阶级斗争的必要性；而近代社会资本主义的发展，并不是资本主义经济正常发展的结果，而是在帝国主义的入侵和控制下被畸形催生的产物，这段分析在一定程度上证实了民族资产阶级领导中国革命的力量是不成熟的。同时，由于帝国主义和封建主义的勾结，大地主、带买办性质的大资产阶级是与帝国主义和封建主义有着千丝万缕、不可忽视的联系的。

（二）对中国革命的分析

第二章论述了中国革命的对象、任务等，最终指明了革命前途和中国共产党的历史使命。

1. 中国革命的对象和任务

由文章的第一节引出中国革命的对象、革命的任务、革命的动力、革命的性质、革命的前途这些问题。通过之前的论述得知，中国社会当前所受的压迫主要是来自封建主义和帝国主义这两座大山的压迫，帝国主义及其在中国的反动同盟军长期占据着中国的中心城市，中国革命的主力军则是广大的农民群众，毛泽东在这里强调了农村革命根据地和农民战争的重要性：中国革命的主要形式必须是武装斗争，通过武装斗争来反抗侵略，夺取全国政权；不能忽视在农村建立根据地，由于中心城市兵力充足，攻克难度大，中国革命不同于当时的苏联革命，最有可能走农村包围城市的道路。既然明确了中国革命的两个对象，那么中国革命的任务就是推翻帝国主义压迫的民族革命和推翻封建地主压迫的民主革命，根据当前的国情，这两大势力相互勾结，加重了人民群众的负担，因而两个任务是相辅相成的。

2. 中国革命的动力

这一问题在第二章占据了大量的篇幅。在中国现阶段的社会中，阶级构成非常复杂，有地主阶级、资产阶级、农民阶级等，毛泽东在本文中对于这些阶级作了详细的分析：地主阶级是帝国主义和封建主义对中国进行统治的社会基础，是革命的对象而非动力；资产阶级中有作为革命对象的带买办性的大资产阶级，他们分属于各个帝国主义，在这些大资产阶级错综复杂的势力中，既要坚定地打倒大资产阶级，又要分辨不同的帝国主义势力，联合他们抗击日本帝国主义的侵略，而民族资产阶级是带有两重性的阶级，对待民族资产阶级的态度要慎重，他们既有软弱性的一面，也有作为革命力量的一面；农民以外的各种小资产阶级是革命的动力之一，是无产阶级可靠的同盟者，这篇文章对此也进行了逐一分析，根据他们不同的性质、立场对他们在革命中所起的作用进行了区分；农民阶级是中国人口最多的阶级，也是当时国民经济主要的力量，对于农民阶级中不同的内部分化如富农、中农、贫农也需要采取不同的态度；对于无产阶级的优势和弱点更是要仔细地区别，无产阶级是最有觉悟性和组织性的阶级，但是阶级力量还比较薄弱，需要联合上述可以作为革命力量的其他阶级实现历史使命。

3. 中国革命的性质

在对中国革命性质的分析中，毛泽东通过对社会性质和革命对象的分析，指出当前革命的主要任务分为两个部分，即针对封建主义和帝国主义的民主革命和民族革命，并论断："决定中国革命的性质，不是无产阶级社会主义的，而是资产阶级民主主义的。"[1] 这种资产阶级民主

---

[1] 毛泽东：《毛泽东选集》第 2 卷，人民出版社，1991，第 647 页。

主义革命是世界无产阶级革命的一部分，广泛存在于世界殖民地和半殖民地之中，不同于旧的资产阶级领导的推翻封建统治的革命，因而被称为新民主主义革命。这一革命需要无产阶级来领导，革命的前途也不是推翻封建主义统治建立资本主义政权，而是联合各个阶级实现新民主主义革命的胜利，最终逐步实现社会主义革命的胜利。

4. 中国共产党的使命

毛泽东明确指出：无产阶级与最先进的经济形式相联系，并且具有组织性和纪律性，他们是革命的最基本的动力，农民阶级作为国民经济最主要的力量，是革命的主力军，民族资产阶级具有双重性质，必须采取又联合又斗争的手段。无产阶级在革命中需要通过中国共产党来实现革命的领导权，在社会和革命形势产生不同变化的情形下团结一切可能革命的力量，组织统一战线，实现革命的成功。毛主席在文中指出："民主主义革命是社会主义革命的必要准备，社会主义革命是民主主义革命的必然趋势。"[①] 这两重革命任务都需要无产阶级的政党，也就是中国共产党来领导，这是中国共产党在不同时期所肩负的不同的历史使命，也只有这样一个组织才能完成如此艰巨的历史任务。

二、《中国革命和中国共产党》的意义

《中国革命和中国共产党》在当时的延安根据地具有重要的教育意义，它连同《新民主主义论》和《〈共产党人〉发刊词》等文章为当时的革命在许多重大问题上指明了道路和方向，奠定了新民主主义革命胜利的理论基础。《中国革命和中国共产党》一文不仅具有重要的历史战略意义，在社会主义初级阶段发展至今的当下仍然有着极其重要的现实意义。

---

① 毛泽东：《毛泽东选集》第 2 卷，人民出版社，1991，第 651 页。

（一）历史意义

《中国革命和中国共产党》是毛泽东在抗日战争时期所写的关于中国社会当时的主要矛盾、革命的主要对象与任务等的政治著作，这篇著作的完成，不仅回击了当时国民党在舆论上的攻击，并且在一定程度上纠正了党内长期存在的王明右倾投降主义错误。《中国革命和中国共产党》一文根据中国革命的具体实际，通过层层递进、环环相扣的分析明确了当时革命的任务和性质，指明了革命的前途和方向；通过对各阶级、阶层的分析，明确了哪些阶级、阶层是革命的对象，哪些阶层是革命的动力和同盟军，从革命对象和动力入手制定了符合中国实际的战略，并提出了新民主主义革命的理论，为后来的一系列关于新民主主义革命的理论研究奠定了基础，推动了中国革命事业的发展。

（二）现实意义

《中国革命和中国共产党》一文偏重于当时的社会环境下对于革命事业的各个方面的分析，主要论证了革命进程中的一些实际问题，如分析近代中国社会的特征和社会主要矛盾；回答中国革命的对象、任务等问题，提出新民主主义革命的概念；基于革命实践论述农村包围城市的革命道路；阐述了只有中国共产党才能领导中国革命的胜利。尽管《中国革命和中国共产党》一文是根据当时社会实际情况作出的战略部署，但在今天仍然具有重要的借鉴意义。

1. 坚持理论和实践的统一

在国家革命、建设和改革的实践中，要时刻关注理论与实践的进程，实践是理论的基础，社会实践的发展必定会引起理论的变化，实践对理论具有决定作用，社会革命、建设和改革的理论必须依据实践，与时俱进，反对本本主义。而理论对实践往往也具有反作用，科学的理论能够对实践起到积极的指导作用，理论的更新能够引导人民群众正确地判断当前的形势，从而对社会实践的进步有更深刻的了解，反之，错误的理论则会阻碍社会实践的发展，这一点在延安时期也有着深刻的历史教训。

2. 坚持矛盾分析法

毛泽东在《中国革命和中国共产党》一文中始终坚持用矛盾分析法来看待问题，对于不同社会的社会主要矛盾、不同社会矛盾下的革命任务以及不同阶级，甚至不同阶级中的不同阶层在革命中所起的作用进行了详细的分析。在社会实践中，尤其是对公共政策的分析要始终坚持矛盾分析法，一分为二地看待问题。

3. 始终保持党的先进性

中国共产党作为马克思主义政党，作为一个无产阶级政党，自诞生之日起，就反映着时代进步的方向，不同历史阶段党的纲领和路线需要随着时代发展和任务变化而调整，每一个党员也需要按照党的先进性要求，发挥先锋模范作用，才能带领中国革命、建设和改革走向成功。

参考文献：

[1] 毛泽东. 毛泽东选集：第2卷 [M]. 北京：人民出版社，1991.

[2] 李永进.《新民主主义论》与中国革命话语体系的建构 [J]. 社会主义研究，2014（03）.

（本文获北京体育大学马克思主义学院2020年度"拥抱经典每日打卡读书活动"优秀论文二等奖）

拥抱经典，启思未来

——读列宁《宁肯少些，但要好些》有感

熊吉雅①

摘要： 2020 年是伟大无产阶级革命导师——列宁同志诞辰的 150 周年。重温被誉为"列宁政治遗嘱"的《宁肯少些，但要好些》一文，灵活运用辩证主义和唯物主义理解列宁围绕着国家机关改革的必要性和紧迫性、国家机关改革的基本原则以及推进国家机关改革的措施等诸多方面展开的系统阐释，这对于我们深化政治体制改革具有特殊的时代含义和现实意义。

关键词： 列宁；国家机关；政治体制改革；官僚主义

2020 年 4 月 22 日，我们迎来了苏维埃社会主义共和国联盟的缔造者、伟大的无产阶级导师——列宁同志诞辰 150 周年的纪念日。翻开厚重的《列宁全集》，一篇篇经典无一不闪烁着马克思列宁主义的智慧光芒，记载着这位伟大革命导师抗争路上的果敢与刚毅。

《宁肯少些，但要好些》是列宁于 1923 年 3 月 2 日最后一次口授记录，现收入《列宁全集》第 2 版第 43 卷，被称为"列宁的政治遗嘱"。这篇文章的重要性不仅仅在于其阐述了针对苏维埃国家机关改革的原则

---

① 作者系马克思主义学院 2019 级本科生。

性意见，更为重要的是从中可以总结出列宁晚年理论、观点的发展脉络，且对于我们今后深化政治体制改革有着重大的启示。为深刻纪念列宁诞辰 150 周年，让我们拥抱经典名著，一起追随他的足迹，感悟列宁思想的光辉。

一、写作背景

（一）病榻绝笔

1922 年，身为苏联总理的列宁同志每天工作时长长达 16 小时，超负荷地运转使身体终不堪重负，两次中风导致右半身瘫痪，语言功能也出现障碍。列宁预感到自己时日无多。可纵使疾病缠身，他也从未停止对"经济文化落后的苏维埃俄国如何进行社会主义建设"等问题的深入思考。他高度重视国家机关和政治制度中存在的弊病，并为当时苏维埃党政机关的膨胀和官僚主义等弊病困惑不已。于是，列宁向政治局提出要求，每天给无法执笔的他提供一定的口授时间。1922 年 12 月至次年 3 月，列宁在病榻上口授、由秘书记录整理完成了《日记摘录》《论合作社》《论我国革命》《我们怎样改组工农检察院》《宁肯少些，但要好些》等文章书信。这位伟大的无产阶级革命先烈有着辉煌却短暂的一生，如此呕心沥血，只是想为自己一手培育出的"宝贵的社会主义果实"——苏维埃多留下一些实质性的意见和建议。

（二）发表阻力

令人扼腕的是，列宁晚年的身体每况愈下，无法力保这些"政治遗嘱"能够以文字形式顺利地在代表大会上公之于众，更别说如数实现了。其中，《宁肯少些，但要好些》一文中由于包含大量关于改组工农检察院的系列主张而不被政治局的人所理解。在一次政治局紧急会议上，有人甚至提议为这篇文章专门设计一期供列宁一人阅读的《真理报》"特别版"，这样既可以向党和人民隐瞒下这篇文章的存在，又可以暂时宽慰病中的列宁。

显而易见，此计未能得逞。但在刊载时，口述原件还是被进行了处理，例如涉及"总书记"等字样删去后才被允许刊登在《真理报》上。而且，之后的《列宁全集》俄文第 1、2、3、4 版均按照《真理报》中的后期删减版本处理，直到 1964 年的俄文第 5 版才恢复原貌。

二、主要内容

（一）改革国家机关必须坚持"宁肯少些，但要好些"的基本原则

列宁在文章开篇就简明扼要地指出，在改革国家机关的问题上，苏维埃的国家机关（以工农检察院为例）还存在许多不足。首要问题就是一味追求"数量"却忽视更为重要的"质量"。这些缺陷的根源大部分来自旧事物和旧文化，例如有着深厚社会历史根源的官僚主义。面对这一项长期、复杂、艰巨的改革任务，须得做到"七次量衣一次裁"，[①]才可能建设出一个得到人民信任、出色完成任务交付的模范机关。

列宁强调："应当采取的解决办法是对任何冒进和说大话等等一概不相信。应当想一想怎样检查我们每小时都在宣布，每分钟都在实行，而后又每分钟都在证明其不扎实、不可靠和未被理解的那些前进步骤。这里最有害的就是急躁。"[②] 为此，列宁对国家机关提出了改革的基本准则：宁肯少些，但要好些。要想建立名副其实的社会主义机关，就更应该保持理智、舍得花时间，切忌冒进和吹嘘。同时，他也看到了坚持这个原则的高难度，列宁表示要想把工农检察院改造成真正的模范机关，要想建立名副其实的、苏维埃的、社会主义的共和国，就必须慎重而恰当地利用苏维埃社会制度中真正好的东西来建立新的人民委员部，必须使工人和知识分子勇于承认困难，并敢于为达到自己庄严目的而进

---

① 中共中央马克思恩格斯列宁斯大林著作编译局：《列宁专题文集：论社会主义》，人民出版社，2009，第 368 页。

② 中共中央马克思恩格斯列宁斯大林著作编译局：《列宁专题文集：论社会主义》，人民出版社，2009，第 367 页。

行一切斗争。

列宁对国家机关改革原则的揭示，为我国明确推进政治体制改革提供了很好的启发。我国改革开放40多年以来，之所以能取得巨大成就，关键在于我们始终坚持党的基本路线，坚持四项基本原则。正如习近平总书记所说：我们的改革开放是有方向、有立场、有原则的。① 深刻领会、认真实践、审慎推进，才是保证这项复杂系统工程沿正确方向前进的法宝。

（二）强调国家机关改革的必要性和紧迫性

1. 改革国家机关迫在眉睫

从当时的世界形势来看，"社会主义终将胜利"这种真命题不是俄国无产阶级最应聚焦的，防止西欧反革命国家颠覆苏维埃政权采取的自救政策才是他们应该深入探讨的。想要在面对下一次革命与反革命国家之间发生军事冲突时，苏维埃政权能够泰然处之，就必须在经济、思想和文化等各方面"变得文明起来"。遗憾的是，就俄国当时的经济文化程度，远够不上直接过渡到社会主义，仅是具备一个政治前提，且这个政治前提下的国家机关情况同样不容乐观："即使不令人厌恶，至少也是非常可悲的"，②"工农检察人民委员部现在没有丝毫威信"，③"官僚主义分子不仅在国家机关有，党的机构中也同样存在"。④ 综上，以工农检察院为首的国家机关改革迫在眉睫，必须获取人民信任，铲除沙皇俄国及其资本主义官僚余孽，并厉行节俭，才有可能实现社会主义工业

---

① 习近平：《在广东考察工作时的讲话》，载《习近平关于全面深化改革论述摘编》，中央文献出版社，2014，第5页。

② 中共中央马克思恩格斯列宁斯大林著作编译局：《列宁专题文集：论社会主义》，人民出版社，2009，第366页。

③ 中共中央马克思恩格斯列宁斯大林著作编译局：《列宁专题文集：论社会主义》，人民出版社，2009，第369页。

④ 中共中央马克思恩格斯列宁斯大林著作编译局：《列宁专题文集：论社会主义》，人民出版社，2009，第373页。

化，即奠定社会主义的物质基础，最终顺利过渡到社会主义。由此可见，列宁已经将国家机关改革上升到事关社会主义前途命运的高度来加以阐释。

2. 完善监察制度是优化政治生态的治本之策

十月革命胜利后，苏维埃俄国成立了国家监察人民委员部，1920年2月改组为工农监察院，其主要职能是监督、监察国家机关和经济管理机关对法令、决议和计划的执行情况及工作作风，却也不免出现流于形式的弊病，列宁于是提议改组工农检察院，提升其地位以增强监督效能。1923年，俄共（布）十二大成立了中央监察委员会与工农检察院的联合机构，负责监督国家所有的权力部门包括党的总书记和政治局。列宁称赞这样的监督宽泛又灵活。

列宁晚年根据苏俄的实际情况提出建立人民参与的监督机关从而肃清官僚主义、巩固政权，这对我们深入推进全面从严治党，营造风清气正的政治生态有如下借鉴意义：一是建立人民利益导向的权威高效的监督机关。人民是我们党执政的最大底气、坚实根基，党的一切工作都是为了最广大人民的根本利益。二是推进党和国家监督制度化法制化，这样才能使政策落地，履行真实有效的监督职能。

（三）国家机关公职人员入职须通过极严格考核

学习《宁肯少些，但要好些》就不得不提到另一篇《我们怎样改组工农检察院》，同为列宁弥留之作，它们有着共同的关注点：官僚主义。自苏维埃获得俄国政治地位的那天起，官僚主义问题就一直受到列宁同志的强烈抨击。他称官僚主义为"内部最可恶的敌人"，"他们滥发文件、乱下指示、空谈法令、废话连篇，使生动活泼的工作淹没于浩如烟海的公文。如果说有什么东西会把苏维埃毁掉的话，那就是这个东西"①。

想要"正本"，还需"清源"。于是，列宁对公职人员选拔提出以下考核标准："1. 他们必须由几名共产党员推荐；2. 他们必须通过关于我们国家机关知识的考试；3. 他们必须通过有关国家机关问题的基本理论、管理科学、公文制度等等基础知识的考试。4. 他们必须同中央监察委员会和本院秘书处配合工作，使我们能够信赖整个机关。"②

除此之外，为应对官僚主义此类痼疾，列宁向国家机关提出这样的任务：学习，学习，再学习。他希望这里的"学习"是在经过深入、仔细的学习过程之后，再进行检查，使其能够指导社会主义实践，而不是像西欧一些国家一样官气十足，把学问变成僵化的教条。这是向一个决心发展为社会主义国家的国家机关提出的恰如其分的要求。③ 正如近几年我国积极倡导大胆创新，开展群众路线教育实践活动，构建学习型政党、学习型政府等一系列举措，既提升了我们国家机关工作人员的政治素养，帮助他们认识并纠正了自己在宗旨意识、理想信念、工作作风等方面存在的问题，也有助于我国政治体制改革的推进。与此同时我们也必须承认，想要彻底肃清上述制约我国政治体制改革的因素，依然任重道远。

三、结语

（一）读后反思

1. 毛主席是否受到列宁晚年遭遇的影响？

在列宁晚年时，部分人对其阳奉阴违，许多好的设想在他去世后遭到抛弃，中央监察委员会和工农检察院的联合机构也被斯大林撤销。原

---

① 列宁：关于改革人民委员会、劳动国防委员会和小人民委员会的工作问题，《列宁全集》第24卷，人民出版社，1987，第387页。

② 中共中央马克思恩格斯列宁斯大林著作编译局：《列宁专题文集：论社会主义》，人民出版社，2009，第370页。

③ 中共中央马克思恩格斯列宁斯大林著作编译局：《列宁专题文集：论社会主义》，人民出版社，2009，第368页。

先的工作机制被逐渐侵蚀，监督机制竟变成上级对下级、有权对无权，这直接造成了党员干部对权力的滥用和特权阶层的产生。如此种种，是否引发了毛主席对"政令不出中南海"的担忧？

2. 中国共产党员的发展是否要宁缺毋滥？

苏联共产党在有 20 万党员时顺利建国，200 万党员时成功卫国，2000 万党员时却亡党亡国，主要原因之一是腐败蔓延、党纪涣散、干部群众离心离德①。就像列宁文中所说："我认为工农检察院不应当追求数量和急于求成。直到现在，我们还很少考虑和关心我们国家机关的质量。"②

知史而鉴今，中国共产党在成立之初只有 53 名党员，截至去年，中国共产党员总数已高达 9191.4 万名，基层党组织 468.1 万个。从正面来看，中国共产党的凝聚力和战斗力不断增强，执政根基愈发牢固。与此同时，也不禁引起我的思考：发展共产党员时我们是否应宁缺毋滥？

今年是决战决胜脱贫攻坚、全面建成小康社会收官之年。受新冠疫情等各种外部因素影响，我们的任务愈发艰巨。所幸，危急时刻我们有大批党员干部冲锋在前，带领群众实干苦干、奋发有为，将党中央的各项决策部署落实到位，短短数月疫情便得到有效控制。战"疫"过程中暴露出的形式主义、官僚主义却也不能忽略：多头重复向基层派任务、要表格，文多会多，督查检查过多过滥；脱贫攻坚过程中走过场、搞形式，存在脱贫重点工作未落到户、任务清单只下单不落实……这些绊脚石对疫情防控和经济社会发展都造成了很大干扰。我们必须意识到，党员的绝对数量多确实大大有助于各项工作的推进，但同时由于总人数多，易造成组织发展任务繁重，更影响了对积极分子的发掘、培

---

① 冉刚：各国政党如何执纪监督，《中国纪检监察报》2014 年 5 月 12 日。

② 中共中央马克思恩格斯列宁斯大林著作编译局：《列宁专题文集：论社会主义》，人民出版社，2009，第 366 页。

养、教育、发展过程，很容易在标准上大打折扣，降低党组织发展的质量。为保持党员的先进性，基层党组织还是要严格坚持标准，宁肯每次吸收的数量少些，也要保证质量好些。壮大中国共产党员队伍的同时把脚步放慢、多多注重质量考察，才能营造更加优良的作风，狠抓工作落实，集中力量打好三大攻坚战，向共产主义迈进。

（二）学习感想

总的来说，《宁肯少些，但要好些》这篇经典著作体现了列宁这位"国友人师"晚年仍苦心孤诣地关心着社会主义国家机关改革的问题，反映出这位"革命中之圣人"于弥留之际对党内弊病的深切顾虑。列宁是站在世界历史发展的新高度，在长期的理论斗争和革命实践中，将马克思主义与实际国情相结合，为我们留下了这一座珍贵的理论宝库。文中所提建议和设想更是留给全党和世界劳动人民的一份宝贵遗产。品读列宁经典、学习列宁主义，有助于我们更好地把握马克思主义理论的整体性。作为马克思主义一个重要的承上启下的思想，列宁主义为我们走好中国特色社会主义政治体制发展道路提供了宝鉴。

参考文献：

[1] 李玉洁. 完善监督制度是优化政治生态的治本之策 [J]. 求知，2017（06）.

[2] 姚燕. 遗嘱中的"学习"——《宁肯少些，但要好些》读介 [J]. 新湘评论，2011（07）.

（本文获北京体育大学马克思主义学院 2020 年度"拥抱经典每日打卡读书活动"优秀论文三等奖）

论中国新时代下的人民性

王梓煜①

摘要：在以习近平同志为核心的党中央的领导下，中国经济发展越来越迅速，人民越来越富有，精神需求越来越丰富，人民素质越来越高，人民的物质需求与精神需求越来越得到满足，充分彰显了人民性。在新时代中国特色社会主义下，国家的考虑与行动越来越以人民为中心。中国共产党只有始终坚守和践行全心全意为人民服务的宗旨、不断提高执政能力和领导水平，才可以始终与人民紧密联系在一起并且实现中华民族伟大复兴，才可以在世界舞台上发光发热并且贡献中国力量、促进世界发展。

关键词：人民性；唯物史观；新时代

一、人民性源于唯物史观

（一）唯物史观的内容

马克思主义唯物史观的内容主要有三点。第一点是生产力与生产关系、经济基础和上层建筑相互关系的原理。生产力决定生产关系，经济基础决定上层建筑；反之，生产关系反作用于生产力，经济基础反作用于上层建筑。

---

① 作者系马克思主义学院 2019 级本科生。

第二点是阶级斗争和无产阶级专政学说。"阶级的产生和存在都根源于一定的物质生产关系，是一个历史的范畴；阶级斗争必然导致无产阶级专政，是阶级斗争的发展规律；阶级斗争的前途和发展方向是无产阶级的社会，而消灭阶级和向无产阶级社会过渡只有通过无产阶级专政才能实现。"①

第三点是关于历史发展规律的客观性与人民群众和个人在历史上的作用。人民群众创造历史，同时也是推动社会发展和变革的主要力量。除此之外，人民群众是社会物质财富和社会精神财富的创造者。"人们自己创造自己的历史，但是他们并不是随心所欲地创造，并不是在他们自己选定的条件下创造，而是在直接碰到的、既定的、从过去继承下来的条件下的创造。"②

（二）唯物史观与人民性的联系

唯物史观是人民性的理论基础，唯物史观中的群众观点是人民性的根本来源。马克思非常注重人民群众的作用与历史地位。一个英雄无法改变历史，但是，人民群众可以做到。路易十四的失败就在于他没有认识到人民群众的重要性，片面地认为依靠自己本人就可以取得胜利。这样的观点是可悲的，一个人不管有多大的本事都不可能随心所欲地改变世界、改变历史，个人的力量对于广阔的世界和源远流长的历史来说是微乎其微的。一些影视剧喜欢设计一个人回到过去从而改变历史的情节，这是不可能的。美国的一些大片中就体现着个人主义和英雄主义，钢铁侠、美国队长可以将处于危难中的人解救出来，甚至解救整个国家，而且似乎非常轻而易举。在中国，在地震、洪水、疫情下，每一个中国人都在贡献自己的力量，用自己的努力渡过一次又一次的难关。

---

① 吕振合：《唯物史观的历史进程与现实发展》，内蒙古人民出版社，2006，第17页。
② 中共中央马克思恩格斯列宁斯大林著作编译局：《马克思恩格斯选集》第1卷，人民出版社，1972，第603页。

二、人民性的具体体现

（一）马克思主义中国化的理论成果

马克思主义是不断发展、更新的科学，马克思主义与中国实际紧密结合，由此产生了毛泽东思想、邓小平理论、"三个代表"重要思想、科学发展观、习近平新时代中国特色社会主义思想，这些马克思主义中国化的理论成果无一不体现着以人民为本的思想。

1938 年，毛泽东在《论持久战》中指出："依靠民众则一切困难能够克服，任何强敌能够战胜，离开民众则将一事无成。"[1] 1950 年，邓小平曾说过："共产党员除了应成为执行共同纲领和遵纪守法的模范之外，还需要具有纯正的作风，就是要有不怕麻烦、谦逊朴素和实事求是的作风，要有一心一意为人民服务不计其他的工作态度。"[2] 习近平主席说过："人民对美好生活的向往，就是我们的奋斗目标。"[3] 这些人心中始终怀着人民，始终坚守和践行以人为本。无论是什么样的理论成果，中国共产党始终都以人民为中心。

（二）对人民性的具体实践

改革开放以来，中国共产党提出了三步走的战略步骤，分别是解决人民温饱问题、人民生活总体达到小康、全面建成小康社会，这样的战略步骤已脚踏实地地进行着。中国共产党处处为人民考虑，逐步提高人民的生活水平，一步一步地实现这三个目标。"全面建成小康社会的核心在于'全面'二字，一方面是包括经济建设、政治建设、文化建设、社会建设、生态文明建设的'五位一体'的全面，另一方面是覆盖全中国人民，惠及十几亿人口的全面。其出发点和落脚点是让所有老百姓过上更高质量、更高水平和更加公平的好日子。其检验标准就是'得

---

[1] 毛泽东：《毛泽东选集》第 2 卷，人民出版社，1991，第 492 页。

[2] 邓小平：《邓小平文选》第 1 卷，人民出版社，1991，第 157 页。

[3] 习近平：《习近平谈治国理政》第 1 卷，外文出版社，2015，第 4 页。

到人民认可、经得起历史检验'。"①

2020年春节期间，新型肺炎以湖北为中心向全中国快速蔓延，病毒虽无情地侵蚀着人的健康，人情的温暖却对抗着冷酷的病毒。国际上的许多国家为中国捐出我们急需的口罩和消毒液，很大程度上解决了我们的燃眉之急，让中国人感受到了来自其他国家的温暖。全体中国人民自觉待在家中，为国家作出贡献。国家在第一时间拨出款项，在短短的时间里建起两座方舱医院，使病人得到更好的医疗条件和救助。各地方政府派出能力高的医疗团队支援武汉，并且捐出大量的物资为封闭的武汉提供充足的资源。一条已经停止运行的生产线重新投入生产，生产工人提前结束假期投入生产。在万家团圆时，医疗人员主动放弃休假，坚定地和病毒、死亡抗争，每天进行着高强度的工作。还有许多人不惧病毒、不惧寒风，在各种地方做着志愿者，用他们的力量为武汉加油，为中国加油。钟南山院士在劝中国人民不要前往武汉时，自己却作为逆行者，坐着去往武汉的高铁，第一时间去支援。在可怕的疫情面前，中国共产党员没有退缩，中国人民没有退缩，举国上下都在勇敢地面对和抵抗病毒。

三、人民性的作用

（一）对于党

坚定不移地坚持以人民为中心，可以提高党的执政能力和执政水平。中国共产党一直坚持群众观点和群众路线，不忘初心，以实现中华民族伟大复兴，把我国建设成为富强、民主、文明、和谐、美丽的社会主义现代化强国为目标。长久坚持人民性能够促进中国共产党党内自省，促进其反腐倡廉，促进其清正廉洁。坚持人民性能够促进中国共产党脚踏实地，办实事，不谈空话。坚持和践行人民性能够得到人民永久

---

① 习近平：《习近平谈治国理政》第2卷，外文出版社，2017，第63页。

的拥护，从而巩固党的执政地位。

（二）对于政府

以人民为中心，能够提高民主选举、民主管理、民主决策、民主监督的效率，从而提高政府的行政水平和行政能力。坚持人民性能够得到人民的信任，从而成为令人民满意的政府。政府坚持人民性，最重要的是要"实践出真知"，应该脚踏实地，做好每一件事情，让人民满意。办理程序复杂、办理人员态度差、各级领导"推皮球"等问题都需要切实解决，给人民一份满意的答卷。

（三）对于人民

坚持人民性对人民来说意义重大，人民不再是封建王朝时期的奴隶，而是社会主义时期拥有人权的人。中国人，在中国特色社会主义新时代下，是平等的、是自由的、是安全的、是可以全面发展的。在坚持人民性的基础上，人民才是受益最大的群体。从前，人民是受压迫的、是沉睡的；而现在，人民是自由的、觉醒的。随着新时代的发展、科技的进步，人民的精神财富和物质财富逐渐增多，人民的生活水平逐步提高，人民群众的满足感与幸福感日益提升。只有人民真正满意、真正享受国家带来的精神财富和物质财富，坚持人民性才是成功的，中国才能更好地发展。

（四）对于国家

坚持人民性对于建设中国特色社会主义社会与现代化强国来说是具有重要意义和进步性的，这一点是有别于西方资本主义社会的。坚持人民性有利于实现中华民族伟大复兴，有利于建设富强、文明、美丽、和谐、民主的社会主义现代化强国，有利于增强国家综合力量，有利于中国在世界舞台上更有力、更自信地发声。

中国，在几百年前故步自封，沉睡几百年的时光外面已经翻天覆地。幸而，中国吸取经验教训，以极短的时间迅速崛起，让其他国家惊羡，在时代浪潮中令人刮目相看，中国虽然栽过跟头，但站起来的中国更加强壮、更加有魄力、更加勇敢。

四、坚定不移地践行人民性

（一）坚持中国共产党的领导

坚持中国共产党的领导是中国特色社会主义的最本质特征与最核心的部分。要想坚定信念、不忘初心、始终坚持人民性，就要坚持中国共产党对一切工作的领导。要始终相信，中国共产党是能引领中国走向复兴、走向辉煌的政党。中国共产党自建党以来就一直以人民为中心，以人为本，都是脚踏实地办实事，不讲民族虚无主义，不讲历史虚无主义。

坚持中国共产的领导还需要认真学习马克思主义。毛泽东同志曾经指出，如果我们党有一百个至二百个系统地而不是零碎地、实际地而不是空洞地学会了马克思列宁主义的同志，就会大大地提高中国共产党的领导水平。

坚持中国共产党的领导还需要认真挑选中国共产党领导干部。领导干部的选择不能只根据才能的高低，还要注重品德的高低。领导干部应该是有能力胜任工作的，心中始终想着人民的，是坚定的马克思主义者，是能够干实事的，是不搞形式主义的。

坚持中国共产党的领导，有利于解决人民日益增长的美好生活需要和不平衡不充分的发展之间的主要矛盾，有利于实现中华民族伟大复兴，有利于实现社会主义现代化强国，有利于增强综合国力，有利于提高国际化水平。坚持中国共产的领导是百利而无一害的，是可以经得起实践和时间考验的。在未来，中国仍要高举马克思主义理论的旗帜，仍要始终坚持中国共产党的领导。

（二）以为人民服务为宗旨

坚持人民性，无论是哪个主体，极为重要的一点就是要牢记为人民服务的宗旨。"坚持全心全意为人民服务的宗旨，充分发挥党密切联系人民群众的优势。"① 毛泽东同志曾经说过："我们共产党人区别于其他任何政党的又一个显著的标志就是和最广大的人民群众取得最密切的联系。全心全意为人民服务，一刻也不脱离群众；一切从人民利益出发，而不是从个人和小集团的利益出发；向人民负责和向党的领导机关负责的一致性；这些就是我们的出发点。"②

中国不管处于什么时代、有没有完成强国建设目标，都需要始终坚持以这人民服务为宗旨，坚定不移地走群众路线。这并不是口号，只是喊一喊是不可以的，这需要牢记于心并时刻践行。

（三）脚踏实地办实事

光凭着喊口号是不能够解决根本问题的，口号能够起到引领、鼓舞的作用，而只有实践才可以彻底解决问题。1978年，国家实行家庭联产承包责任制，让无数贫苦的农民有了活下去的希望，有了富起来的希望。之前，人民群众办事难、办事复杂、办事花费多，而现在，人民群众可以采取网上办理的方法，也可以通过监督举报等多渠道来维护、行使自己的正当权益。因此，要想让人民群众有更多的满足感和更高的幸福感，国家就要办实事，不能为了政绩搞形式主义，一切政策都要考虑人民群众的切身利益。

政府可以通过多种形式广泛征求人民群众的意见，比如说，在互联网上征求意见，制作调查问卷，线下走访。征求意见之后，再咨询专家的意见，通过充分的讨论后，去除不合理的部分，选用正直、清廉、有才能的人具体实施方案。物质决定意识，要从现实出发，具体问题具体分析。在进行决策时，不能光依靠人民群众的建议和专家的讨论，还需要考察实际。不考虑实际的决策是无法实行的、是错误的、是会阻碍社会进步的。

---

① 江泽民：《江泽民文选》第2卷，人民出版社，2006，第45页。
② 毛泽东：《毛泽东选集》第3卷，人民出版社，1991，第1094—1095页。

参考文献：

［1］中共中央马克思恩格斯列宁斯大林著作编译局．马克思恩格斯选集：第1卷［M］．北京：人民出版社，1995.

［2］习近平．习近平谈治国理政：第2卷［M］．北京：外文出版社，2017.

［3］中共中央马克思恩格斯列宁斯大林著作编译局．马克思恩格斯全集：第42卷［M］．北京：人民出版社，1979.

（本文获北京体育大学马克思主义学院2020年度"拥抱经典每日打卡读书活动"优秀论文三等奖）

唯物辩证法思想在《资本论》中的部分体现

魏子淇①

摘要：《资本论》作为马克思在马克思主义哲学科学世界观与方法论的指导下研究资本主义生产方式和发展规律所形成的巨著，其全书贯穿辩证唯物主义和历史唯物主义思想，并对二者进行了丰富和发展。本文将对《资本论》第一卷第三篇第五章第一节《劳动过程》，所体现的唯物辩证法思想进行分析，主要包括矛盾观、联系观、发展观和创新观四个方面。

关键词：《资本论》；唯物辩证法；劳动过程

一、《资本论》概述

《资本论》第一卷第三篇第五章第一节《劳动过程》研究了人类一般劳动和资本主义雇佣劳动的区别与联系，指出了劳动过程的定义、构成要素、活劳动和物化劳动之间的关系、资本主义雇佣劳动的特殊性等内容，为第二节揭示剩余价值的源泉奠定了基础，也全面、深刻地体现了唯物辩证法思想。

---

① 作者系马克思主义学院 2019 级本科生。

二、唯物辩证法思想的体现

（一）矛盾的观点

矛盾是唯物辩证法的实质和核心，《劳动过程》蕴含的矛盾观点首先体现在三大矛盾上。

第一，《劳动过程》蕴含了生产力与生产关系的矛盾这一人类社会基本矛盾。首先，《劳动过程》指出劳动资料这一生产力水平最显著的标志是划分社会形态的重要依据，深刻地展现了生产力对社会进步的决定作用和根本的标志作用。

其次，马克思对资本主义雇佣劳动关系的特殊性和不合理性进行总结，从而初步揭示了雇佣劳动关系与资本主义固有矛盾的关系。一方面，雇佣劳动随着资本主义生产方式通过对封建的个体小生产的排挤和取代，成为社会生产的基本形式。通过在各个资本主义生产组织（手工工场或工厂）中对劳动者进行统一的监督和分工以及生存资料的统一调配，雇佣劳动关系极大地促进了生产社会化，顺应了生产力发展的必然趋势。另一方面，雇佣劳动关系和劳动者的自由全面发展之间存在不可调和的矛盾，其既使劳动力依附于资本，从而成为资本剥削劳动的有力手段，造成了劳动力的极大浪费和破坏以及资产阶级和无产阶级的尖锐对立，同时，在雇佣劳动关系下为满足资本剥削劳动而进行的旧式分工，分割了完整的劳动过程，造成了劳动者的畸形发展，极大地减弱了劳动力的流动性。雇佣劳动关系作为资本主义生产关系的重要组成部分，其与劳动者自由全面发展的矛盾是资本主义固有矛盾的重要体现，也是生产力与生产关系的矛盾在资本主义社会中的具象化，其反映了资本主义私有制对生产社会化的阻碍，反映了生产力发展对生产资料社会占有和劳动力自由流动与自由全面发展的必然要求，反映了社会主义公有制取代资本主义私有制的历史趋势。

第二，《劳动过程》蕴含人类发展的永恒矛盾，即自由与必然的矛盾。人类的劳动从最初就是人追求自由的活动之一，也是人类追寻自由的基本活动形式。首先，人类通过劳动向自然界寻求自由。人类通过劳动实践不断调整人与自然的关系，获取生活资料和生产资料，满足自身的需要，在此过程中形成的改造自然的能力即生产力。生产力不断提高的过程，实际就是人在物质领域由全面受束缚不断趋向自由的过程，也是人类追求自由的能力不断提高的过程。其次，人类通过劳动向主观精神世界追求自由。劳动改造客观世界的同时也在改造着人类本身。通过劳动，人的意识逐渐形成，随着劳动的发展，意识的目的性、计划性、选择性、创造性和能动性不断提升，最终将人和其他生物区别开，将人类劳动和其他生物的活动区别开，并促使人不断追求精神领域的自由。最后，人类通过劳动向人类社会寻求自由。随着劳动生产力的发展，人类在相互协作和商品交换中形成了各种生产关系，各种生产关系又衍生出其他不同的社会关系，最终形成人类社会。当生产关系适应生产力时，它就促进生产力的发展和劳动者积极性、主动性、创造性的发挥，促进人的自由全面发展，当生产关系不适应生产力时，它就阻碍生产力的发展和劳动者积极性、主动性、创造性的发挥，阻碍人的自由全面发展，同时孕育着社会变革。人们通过劳动发展生产力，推动生产力与生产关系之间的矛盾运动，变革生产关系和社会制度，使之更加适应人的自由全面发展的过程，就是人在社会领域追求自由的过程。综上所述，解决自由与必然的矛盾的过程就是人类在劳动和以其为基础的其他实践活动中不断认识并自觉地遵循、应用各领域的客观规律，将客观规律由异己的、与人对立的存在转化为服从人类意志而起作用的存在，从而能够自觉地创造自己的历史，实现人的解放的过程。

第三，《劳动过程》蕴含着人类自身的矛盾，即社会生产力和社会生产关系之间的矛盾，这是自由与必然的矛盾产生的根源，也是人类不断追求自由的原因。生产实践是人类最主要、最基本的实践活动。通过在一定的生产关系下劳动，人类与自然、社会接触，也不断加深着对自身的认识。随着劳动的进行与对客观世界认识的加深，人类终会感受到客观条件对自己的束缚，于是必会在认识的指导下在各领域展开变革，以逐渐接近自由全面发展的境界。

除此之外，《劳动过程》蕴含的矛盾观点体现在始终坚持矛盾普遍性和特殊性的统一。《劳动过程》首先将劳动过程作为普遍性的实践活动来考察。实践是人类有目的、有意识地改造客观世界的过程，而劳动则是人有目的、有意识地借助劳动资料使劳动对象发生预定变化的过程。两者在主体、客体、主观能动性的发挥等要素上的一一对应关系，展现了矛盾的普遍性与特殊性的相互联结。其次，《劳动过程》先详细研究普遍性的一般劳动，再研究特殊性的资本主义雇佣劳动这一劳动的特殊形式，证明雇佣劳动既有一般劳动的共性，又具有两方面的特殊性，这既有力凸显了雇佣劳动的特性，为揭示剩余价值源泉奠定了基础，又体现了矛盾的普遍性与特殊性的联结。

最后，《劳动过程》蕴含的矛盾观点体现在对矛盾特殊性的把握和对具体问题具体分析的运用上。

第一，这体现在马克思对劳动要素的科学的、详细的分类上。首先，马克思对劳动对象按是否经过人类加工进行分类，又对原料按其在生产过程中所起的作用进行分类（构成产品的主要实体或起辅助作用）。其次，马克思从历时性和共时性角度对劳动资料进行了分类。从历时性来看，不同时期有不同的劳动资料，劳动资料随生产力的发展而发展。从共时性来看，不同劳动资料在生产中所起的作用不同（机械性的和充当容器的劳动资料）。除此之外，根据划分角度不同，劳动资料也有广义和狭义之分。

第二，这体现在马克思对产品在生产过程中的地位的具体分析上。马克思指出，根据不同劳动的需要，同一产品可以成为多种劳动过程的原料，也可以同时充当多种角色。一种劳动的产品可以成为其他劳动的原料。所以，使用价值在劳动过程中扮演的角色取决于它的作用，随着其作用的改变而改变，而并非固定一成不变。此结论鲜明地体现了马克思主义具体问题具体分析这一活的灵魂。

综上所述，《劳动过程》贯穿矛盾观点，主要体现了人类社会基本矛盾、人类发展永恒矛盾和人类自身的矛盾，坚持了矛盾普遍性和特殊性的辩证统一，重点突出了矛盾的特殊性和具体问题具体分析的科学方法论。

（二）联系的观点

《劳动过程》也贯穿了联系的观点，主要体现在四个方面。

第一，人自身是一个相互联系的整体。《劳动过程》指出，人类劳动是一个身体各个器官、各个部分相互协同的过程，而这种协同是需要人本身的意志来调控和支配的，所以人本身是一个整体，劳动也不是单纯的肢体活动，而是一个身心协调的整体过程。

第二，人与自然相联系。劳动本身就是人通过自身方式使自然发生预定变化的过程，是改造自然的实践活动，是人与自然互动的过程。人通过劳动改造自然的同时也使自身身心状况发生变化。人与自然通过劳动紧密联系起来。

第三，生产劳动各个要素之间相互联系。《劳动过程》描述了一般劳动在资本主义社会中的表现形式，表明在资本主义私有制条件下，生产资料、劳动者和产品在一定范围（即各个独立的生产组织）内，实现了生产社会化。生产资料由资本家所有和调配，绝大多数劳动产品是由产业链上的各个生产部门的多位劳动者协作生产。在产业链起点的部门的劳动者将自然作为劳动对象，而往后的劳动者都是以前一个部门的产品为劳动对象，直至产出最后的产品。"产品不仅是劳动过程的结果，同时还是劳动过程的条件。"① 资本主义私有制虽然对生产社会化

---

① 中共中央马克思恩格斯列宁斯大林著作编译局：《马克思恩格斯全集》第23卷，人民出版社，1972，第205页。

起到过极大的促进作用，反映了生产力发展对生产劳动各要素紧密联系的必然要求，但其与生产社会化仍存在不可调和的矛盾，这主要体现在生产的微观有序和宏观无序之间的矛盾、无产阶级与资产阶级之间的矛盾和旧式分工与人的全面发展之间的矛盾。这些矛盾使私有制成为生产社会化的人为障碍，终将被社会主义公有制所取代。

第四，活劳动和物化劳动相互联系。《劳动过程》深刻地阐述了活劳动和物化劳动（也称死劳动）间的关系，即物化劳动是活劳动的产物，其不能脱离活劳动存在，必须同活劳动相接触、被活劳动消费才能发挥作用，价值在新产品中才得以转移和保留，否则就将逐渐消亡。

综上所述，联系的观点在《劳动过程》主要体现在人自身蕴含的联系、人与自然的联系、劳动生产过程间的联系和活劳动与物化劳动之间的关系四方面。

（三）发展观与创新观

唯物辩证的发展观在《劳动过程》中主要体现在两方面。一是以发展的眼光看劳动资料和生产力的发展。随着生产力的提高，劳动资料不断进步。人类从最初用四肢作为劳动资料，随后开始制造越发先进的工具。劳动资料的进步促进生产力的发展，成为生产力发展最重要的标志，因此也成为不同社会形态的标志。二是以发展的眼光看生产关系和社会形态的演进。《劳动过程》中"我们看不出它是在什么条件下进行的……"[①] 一段列举了从原始社会到资本主义社会期间出现的四种生产关系和社会形态，揭示了生产关系与社会形态之间的关系以及生产力发展对社会制度更替的决定作用，体现了发展的观点。发展的观点还体现在马克思始终坚持认为资本主义的生产关系和社会形态由于其自身存在的固有矛盾和缺陷，也终将是阶段性的而非永恒的社会形态，其终将由

---

① 中共中央马克思恩格斯列宁斯大林著作编译局：《马克思恩格斯全集》第23卷，人民出版社，1972，第209页。

于生产力与生产关系的矛盾运动被更高级的、更有利于生产力提高和人的自由全面发展的、生产资料社会占有的生产关系和社会形态（即共产主义社会）取代。

创新是唯物辩证法的必然要求，也是解决矛盾、促进事物发展的有效手段。新的劳动资料的发明和生产关系的变革实际上是在生产力发展的基础上通过创新实现的。马克思在以发展的眼光考察劳动的同时也深刻地表现出了对创新的肯定，甚至马克思主义本身也是在工业革命和工人运动兴起背景下的社会主义的理论创新，具有开拓创新的理论品格。

三、结语

《劳动过程》较为全面、深刻地体现了唯物辩证法思想，既体现了唯物辩证法的实质与核心，又体现了唯物辩证法的基本观点和必然要求，成为唯物辩证法思想贯穿《资本论》全书的缩影和有力证明。《劳动过程》的论证同时表明：对于任何一种社会形态或社会制度，若要辩证地考察，就必须历史地考察；若历史地考察，那就必然辩证地考察，体现了马克思主义哲学是一个不可分割的整体。

参考文献：

［1］中共中央马克思恩格斯列宁斯大林著作编译局．马克思恩格斯全集：第 23 卷［M］．北京：人民出版社，1972．

（本文获北京体育大学马克思主义学院 2020 年度"拥抱经典每日打卡读书活动"优秀论文三等奖）

中国哲学史中那些儒学熠熠生辉的瞬间

黎文杏①

摘要：春秋战国时期，百家思想的涌现，成了中华民族思想发展史上的第一个里程碑。中国古代的春秋时期是一个充满战乱的时期，这个时期的诸侯百家，都在想方设法地建立一个可以为自己所独裁的国家。于是，这一时期许多学者的思想已经有了极大的改变，许多新的思想开始大放异彩，形成了"百家争鸣"的局面。这一在思想领域上的大变革无疑对后世产生了巨大影响，以致在后来的中国哲学史中仍然有大量的新思想不断涌现。有汉代的学者就将这些思想总结成了十个派别，即儒家、道家、墨家、法家、名家、阴阳家、纵横家、杂家、农家和小说家，这些观点和立场各异的思想流派，成了中国哲学史上不可或缺的组成部分。

关键词：中国哲学；孔子；儒家思想；教育思想

一、子学时代的开端

说到中国哲学，就不得不让人想到孔子，这不仅仅是因为孔子在中国哲学中的巨大成就和影响，更是因为当我们对中国哲学追根溯源时，才发现孔子也是中国哲学的开山之人。

---

① 作者系马克思主义学院 2019 级本科生。

　　既然说到中国哲学，那么就不得不回答一个与之密切相关的问题：什么是哲学？哲学的定义是什么？这也是古今中外很多学者一直尝试回答的问题。很多西方学者曾对此做过解释——古希腊的哲学家亚里士多德就说过："哲学起源于好奇，人们是由于好奇而开始进行哲学思考的。"从他的这句话来看，他似乎只解释了哲学的起因，而并没有给出很清晰的对于哲学定义的解释。苏格拉底也探讨过哲学，他认为：哲学的真正对象其实是自己。对于哲学，中国学者冯友兰也表达过自己的看法："哲学为哲学家之有系统的思想。"① 他认为，成系统的一套思想体系，才能称之为哲学。而如今，我们普遍认同关于哲学的定义是：哲学是关于世界观和方法论的理论体系。

　　那么在中国，哲学，也就是这样的有系统的一套思想体系，是从什么时候才开始出现的呢？冯友兰先生说："哲学为哲学家之有系统的思想，须于私人著述中表现之。"② 也就是说，当社会开始出现私人著述，并且这样的著述旨在表达作者个人或是被记录者的有系统的思想之时，就是哲学开始出现的时期。

　　孔子是春秋时期的人，但是他却十分崇尚周的典章制度，他曾说过："郁郁乎文哉！吾从周。"并赞美其"上继往圣，下开来学"。孔子的一生，以能继承文王、周公这样的伟大成就为志向。尽管孔子当时所处的时代是封建贵族所统治、垄断官场的时代，但是进入官场并不是孔子的心之所向。当时的他虽有一身广博的学识，却不愿长久待在官场，而是做了一件前所未有的创举，他开创了私人讲学之风，以此来讲述、传播自己的思想，倡导仁、义、礼、智、信，他还开办私人学校，广收学生。他的弟子将他的各种教诲、语录、言行、思想等记录下来整理成册，便有了孔子的私人著述，有了记录他的系统思想的书。也就是说，

---

① 冯友兰：《中国哲学史》上，华东师范大学出版社，2000，第15页。
② 冯友兰：《中国哲学史》上，华东师范大学出版社，2000，第15页。

自孔子时，才有了私人著述一事，才有了"哲学家之有系统的思想"。而冯友兰先生也说，"就其门人所记录者观之，孔子实有其系统的思想"①。由此可知，孔子所处的时期可视为子学时代的开端，孔子也确实可以被称为中国哲学的开山之人。中国哲学，自孔子之后，就以惊人的速度发展着，并不断丰富着，给古代中国的思想文化领域源源不断地注入了新的因子，也才逐渐发展成为中华民族宝贵的思想文化财富。

二、儒家思想在古代能成为主流思想的原因

孔子生活于春秋时期，当时的社会诸侯争霸，战乱频繁，礼崩乐坏。在此背景下，各种思潮纷纷涌现，中华民族的无穷智慧也在这个特别的历史转折点中大放异彩，一时间可谓是"百花齐放，争妍斗艳"。以孔子为代表的儒家思想也在此刻应运而生。孔子在创立儒学之初，就以"仁"为其学说的思想核心，并对"仁"做了这样的定义："克己复礼为仁。一日克己复礼，天下归仁焉。"所以可以看出，孔子当时极其强调"礼"的重要性，并且将人分为三六九等，有高低贵贱之分，则注重"礼"也就是要强调人民贵贱要有"序"，不得逾越"礼"之规矩。孔子这些关于"礼"的主张，在如今看来有该批判的地方，当今社会强调的是人人平等，生而自由，将人分为三六九等，以及推崇君权、父权、夫权，并要求人们严格遵循、不得逾越的等级观念是孔子思想的糟粕，也可以看出这符合封建统治者的利益，一定程度上是为封建制度服务的，但它与如今强调的人人平等的思想相背离，必然要遭到后人的批判。凡是事物都有两面性，我们应辩证地看待问题，儒家思想之所以能够拥有如此强大的生命力，自然说明其有优秀之处，其产生的积极影响必然是大大超过了消极影响。比如，孔子要求统治者要以君子的标准要求自己，做好自身的道德修养，取信于民，做到以德治民，这给

---

① 冯友兰：《中国哲学史》上，华东师范大学出版社，2000，第15页。

后世的统治者提供了一个贤明君主的标准，而不是像最原始的统治者那样以暴制暴，施行暴政。

但是在春秋时期，在当时社会混乱的情况下，儒家思想并没有得到重视。不过孔子以后的很多学者，都继承和发展了儒家思想，扩大了其思想内涵和影响力。比如：战国时期的孟子发展了孔子的民本思想，主张"仁政"，提出"民为贵，君为轻"的思想主张；汉代董仲舒为了迎合封建统治中央集权的专制主义，对儒家思想加以改造，提出"天人三策"，即"天道、人世、治乱"，还提出"天人感应，君权神授"等思想，其"罢黜百家，独尊儒术"的主张更是被汉武帝所采纳，大大提升了儒学的地位。这一时期，儒生们可以参与礼法和注释现行的法律，逐步开始实现引礼入法，儒家思想已被注入维护封建统治的律法之中，开始成为封建社会的正统思想。① 总而言之，统治者选择什么样的思想体系作为治国的主导思想，几乎都取决于是否有利于统治国家、是否有利于巩固地位等。儒学既然后来能够得到统治者的重视、在后世实现发展，必然因为其主要思想符合社会历史发展的潮流，有利于君主统治国家、巩固地位等。如果有一套系统思想与社会发展之趋势相背离，与统治者之利益相矛盾，那么它又怎么会得到重视和发展呢？

自汉代以后的一些朝代，并不都是独尊儒术的，对于其他思想也进行推崇，比如唐朝，大力推崇佛教和道教，宋代大力推崇道教等。即使这样，儒家思想也还是在长期发展中得到了不断的巩固和深化。汉以后的许多学者，都对儒学加以改造、扩充，但无论他们各自的说法有多么不同，归根结底，其实都是为了封建专制统治。总之，儒家思想之所以能在古代拥有这么高的地位，很重要的一点就是：儒家思想里的很多主张都与封建社会的各种需求相契合。

---

① 陈宇超：论儒家思想成为封建正统思想的成因，《赤峰学院学报（汉文哲学社会科学版）》2016 年第 2 期。

　　这种契合主要体现在两个方面：首先，对于统治者来说，儒家思想的很多主张符合了统治者们"一统于天下"的政治需求，在专制统治中发挥了极大的效用。比如，儒家主张"礼治"，在儒学逐渐占据统治地位之后，儒生们就开始致力于"引礼入法"，并使其得到不断的发展和深化，然后统治者将礼与法相结合，维护了封建社会中束缚人们思想的伦理纲常，使得这些具有约束性的"三纲五常"之准则有力地发挥其作用，它们通过对百姓进行的道德教化，试图改造其思想，从而实现其在思想领域发挥的控制作用，使得这个国家的臣民能够绝对地、不加反抗地服从于其统治者。[1]　其次，对于群众百姓来说，第一，儒家思想主张的"和谐"等观念，与他们的需求也是一致的。处于封建专制统治时期的人民大多数都是农业生产者，以农业生产为主，他们一般都自给自足，故而心理上追求和谐、宁静的生存环境，不愿经历战乱之苦，因此自然就愿意履行所谓礼治下的伦理纲常之制，以获得安静祥和的生活状态。第二，儒家思想所提倡的以家族为本位的"宗法制"等主张，也与社会广大百姓的需求相一致。在古代农民的传统思想中，他们很重视家族地位的重要性，在他们看来，这些主张对于维护家族秩序有很大的帮助作用，只有家族秩序稳定了，农业才会发展。[2]　所以，儒家思想之所以能够成为封建社会的正统思想，正是因为它无论是从统治者的立场来说，还是从普通百姓的角度来说，都有让他们乐于接受、符合他们利益的方面。

三、儒家文化之孔子的教育思想

　　你是否还记得孩童时代那熟背于心的《三字经》？"人之初，性本

---

[1]　陈宇超：论儒家思想成为封建正统思想的成因，《赤峰学院学报（汉文哲学社会科学版）》2016年第2期。

[2]　陈宇超：论儒家思想成为封建正统思想的成因，《赤峰学院学报（汉文哲学社会科学版）》2016年第2期。

善，性相近，习相远……"这些朗朗上口又富有哲理的诗句，几乎是每一个中国人在都难以忘却的孩童时代的美好记忆，因为这些诗句打开了我们思想启蒙的大门，是孔夫子对我们的谆谆教诲。你是否还记得，初学"己所不欲，勿施于人"时的懵懵懂懂，以及读懂之后默默决定履行这个原则的坚定决心……其实，不仅仅是在课本中，在国家里、社会上、生活中，许多层面的治理政策、道德思想、处世原则、个人的价值观等，在方方面面都会不同程度地渗透着儒家思想。时至今日，我们仍能看到孔子的思想所闪耀着的熠熠光辉。既然说到跨越了两千多年的儒家思想，那么其中孔子的教育思想就不得不提及。

春秋末期，兵家四起，礼崩乐坏，社会的文化教育也出现了下移趋势，渐渐地从学在官府到学在民间，而被誉为万圣师表的孔夫子便是这一趋势中不可或缺的一位重大人物。冯友兰先生说过，"孔子则抱定有教无类之宗旨，'自行束脩以上，吾未尝无诲焉'"。在那个时代，孔子是开办私学的第一人，他广招学生，对于所有缴纳了学费的学生，不论其出身贵贱，皆一视同仁，一律教以各种功课，教读各种名贵典籍，这是那个时代在教育领域上的一大创举，也是社会的一大解放。除此之外，孔子还周游列国，四处讲学，向世人传授自己的思想。这些，促进了学术文化的平民化、大众化，同时也极大促进了文化的交流与传播。从这些可以看出，孔子"有教无类"的教育观念也渗透到了他的言行当中。

此外孔子还特别强调学习的态度，如"三人行，必有我师，择其善者而从之，其不善者而改之"及"见贤思齐焉，见不贤而内自省也"，就通过自我反省，强调了谦虚这一学习态度在我们学习中的重要作用，又如"温故而知新，可以为师矣"这些言论，则从鼓励学生复习入手，强调了勤奋刻苦在学习上的重要意义。

在教育的目的上，孔子将教育作为政治的一种辅助工具，把培养治国人才作为其教育的出发点和落脚点①。苏格拉底曾说："是我一个人参与政治，还是专心致志培养出尽可能多的人来参与政事，使我能够对政事起更大的作用呢?"这一教育思想与孔子可谓不谋而合，孔子也在多篇著作中表达了同样的思想，如在《论语·阳货》中他说的"吾岂匏瓜也哉？焉能系而不食"及"凤鸟不至，河不出图，吾已矣乎"等句，都可以看出他对于为国培养人才的热忱②。

因此他选择了教育这条路，并希望培养更多的入仕人才，实现他所崇尚的礼制社会。教育为政治服务，可以说这是其最终的目的，而教育为道德服务就是其更为基础的作用。

参考文献：

［1］冯友兰 . 中国哲学史：上［M］. 上海：华东师范大学出版社，2000.

［2］陈宇超 . 论儒家思想成为封建正统思想的成因［J］. 赤峰学院学报（汉文哲学社会科学版），2016（02）.

［3］谢德宝 . 先秦儒家教育思想与古希腊教育思想比较研究［D］.黑龙江大学，2007.

（本文获北京体育大学马克思主义学院 2020 年度"拥抱经典每日打卡读书活动"优秀论文三等奖）

---

① 谢德宝：《先秦儒家教育思想与古希腊教育思想比较研究》，黑龙江大学，2007，第34 页。
② 谢德宝：《先秦儒家教育思想与古希腊教育思想比较研究》黑龙江大学，2007，第36 页。

五四运动与青年运动的方向浅析

——《青年运动的方向》读书有感

李　硕①

摘要：《青年运动的方向》是毛泽东在五四运动二十周年所写的文章，文章谈及中国革命的问题并指出青年的阶段方向发展。回顾经典，纵览古今，五四运动与青年运动的方向紧密相关。同时，新时代下的青年运动方向与五四时期青年运动方向和抗战时期青年运动方向大为不同。

关键词：五四运动；《青年运动的方向》；新时代

《五四运动》和《青年运动的方向》是毛泽东在五四运动二十周年时所写的文章，文章对五四运动和中国革命的问题以及青年运动的方向进行了论述。回顾历史上的五四运动，把握青年运动的方向，在"五四"百年之际和新时代的起点上更具有研究价值。

一、历史上的五四运动

五四运动作为一件历史上多面性的社会政治事件，其定义、内容和评价一直广为人们谈论。"五四运动"前后的连锁反应也在中国近代史

① 作者系马克思主义学院 2018 级本科生。

上占有重要的地位，其相关的历史背景、政治状况、社会组织、社会心态、领导人和参与运动的人物、社会思潮以及后期的社会政治后果及其评价都具有很强的研究性。历史上的五四运动是青年力量觉醒的重要事件，其标志着青年人作为主体力量登上历史舞台。从五四运动的定义、标志性的"五四事件"以及五四运动的评价出发，找寻历史上的五四运动与青年运动的方向之间的联系，具有重要意义。

（一）五四运动定义

谈及五四运动，狭义上特指 1919 年 5 月，在巴黎和会中以山东问题为导火索引发的爱国主义运动。广义上具体是指从 1915 年 9 月 15 日由陈独秀主编创立的时名《青年杂志》（后第二卷改名为《新青年》杂志）为发端的新文化运动。在第二种定义下，文化传播方式和文化性质更为新颖。第一阶段传播的为 1919 年五四运动之前的早期新文化，即西方资产阶级民主主义文化，第二阶段则传播文化性质、内容的分流。受十月革命的影响，马克思主义在知识分子中开始传播。

同时关于五四运动是否应当包括学生和知识分子的社会、政治运动和新文化运动，一直都存在着争议。有些人认为五四运动和新文化运动是两个概念，彼此之间没有关联。有些人则虽承认两者关系，却将五四运动抽离，进一步突显新思想、新文化运动。例如，胡适承认"五四"的学生活动和新文化运动之间的联系，但认为新文化运动应该独立存在。

广义而言，应该把五四运动放置在更为宏观的历史中去认识和理解。五四运动与新文化运动关系密切。新文化运动为五四运动的发生做了思想准备，五四运动将新文化运动进一步推向更高的发展阶段。周策纵在《五四运动史》中曾写道："'五四运动'是一个复杂的现象，它包括新思潮、文学革命、学生运动、工商界的罢市罢工，抵制日货运动，以及新知识分子所提倡的各种政治和社会改革。""它不是一种单纯不变、组织严密的运动，而是由许多思想分歧的活动汇合而成，可是其间并非没有主流。"①可见，五四运动并不单单是单纯的爱国运动，更夹杂着"启蒙"和"文艺复兴"之义。

（二）五四事件简述

1919 年的五四事件是整个五四运动的高潮。在事件中，学生力量发挥了自身的作用，知识分子和新兴经济势力集团汇合响应，新思想、新文化广泛传播，"五四"精神突显，为之后的政治文化发展做好了铺垫。

五四事件的导火索为山东青岛问题，即日本人不顾战胜国中国的利益，强制要求德国将其在山东的殖民地——青岛转借给日本。其更直接的问题便是在巴黎和会上日本人拿出《中日关于山东问题的换文》这一密约引得国内哗然。中国在当时还希望战后列强会以公平的解决方式来改正这种无理欺凌。当时中国的知识分子寄希望于威尔逊的十四点（Fourteen Points）和协约国政府的宣战宗旨会在战后实行，但随着会上消息的传入，幻想落空。

自从第一次世界大战开始，中日关系便一直是难以处理的问题。1898 年德国强占中国山东胶东湾，其在一战失败后胶东湾便被日本觊觎。在巴黎和会上，日本不但没有履行之前答应交付胶东湾给中国的承诺，反而提出了严苛的二十一条要求（《二十一条》中的一号条款涉及山东问题），让中国政府在 1915 年 5 月 25 日签订了损害中国主权的中日协约。而日本人拿出的《中日关于山东问题的换文》这一密约，原因是段祺瑞政府不断向日本人借款，将高徐、济顺两条铁路进行抵押并签约。文件中涉及军队武装，巡警武装势力，归属权问题，还有各等机构撤销问题，例如日本沿胶南铁路的驻兵将集中于青岛，而派一支队伍驻于济南；沪路队要用日本人担任警长和教练；铁路完成后由中日共同管理。这一文件的敏感程度远远超过《二十一条》，其中负责谈判的主

---

① 周策纵著，陈永明等译：《五四运动史》，岳麓书社，1999，第 6 页。

要人物就有曹汝霖、章宗祥、陆宗舆。他们在阅览谈判条款时没有任何意见，最终章宗祥在文本上写下"欣然同意"四个大字以示接纳。也正是因此，社会舆论将曹汝霖、章宗祥、陆宗舆推向风口浪尖。由此随着民众对和会的反对情绪上升，以学生为首的激烈的示威游行等传播方式的运动声势浩大地爆发了。

（三）五四运动意义

五四运动鲜明地表明了学生群体和知识分子的力量以及无产阶级登上历史舞台，其宣扬的爱国、民主、科学的"五四精神"在当下依然具有浓厚的价值。毛泽东在《青年运动的方向》中谈及，中国青年们起着某种先锋队的作用，即带头作用，表明其对青年群体的肯定。习近平总书记在主持中央政治局集体学习时强调："加强对五四运动和五四精神的研究，激励广大青年为民族复兴不懈奋斗。"①

二、中国革命与青年运动的方向

（一）"五四"时期与青年运动

近代以来，中国的地盘不断被外国瓜分，被迫签署了一系列丧权辱国的条款，列强势力在华不断侵入……不同的阶级阶层的人们都进行着自身的思考，都处于普遍的迷茫焦虑中。正是这种焦虑的迫切要求，使得新兴经济势力集团不断进行探索。学生作为带头者能够在第一时间进行"冲锋"，并在之后得到一系列的社会响应，他们奔走呼喊，纷纷呼吁先进潮流等，这些是非常难能可贵并值得纪念的。

相较于辛亥革命——只影响了一部分人的思想和想法，影响范围较小和实际成果不够理想而言，五四运动则标志着中国开始觉醒。由此引发的观念上和政治上的变化、社会政治后果（如政治和经济组织的重

---

① 习近平：习近平在中共中央政治局第十四次集体学习时强调 加强对五四运动和五四精神的研究 激励广大青年为民族复兴不懈奋斗，《人民日报》，2019 年 4 月 20 日.

新走向、妇女解放、学生运动新发展、教育变革等）和文化层面的变化发展都能证明其深远影响。青年力量视角下，青年的角色担当自五四运动后开始展现。自此，青年承担起思想建设的奔走者、队伍建设的带头者、革命道路的坚实储备者之角色。"五四"时期的学生运动（特别是五四运动），虽然从细节看起来不那么完美，存在着错误的观点和错误的做法，但是它的发生无疑影响了中国今后道路的发展进程，特别是五四运动，呼吁起知识青年的觉醒和奋斗并为工农联合打下了坚实基础。

（二）抗战时期与青年运动

回顾毛泽东在五四运动二十周年之际撰写的《五四运动》和《青年运动的方向》，其谈论最多的便是"唤起民众"，进行革命者与工农民众的结合。

"唤起民众"并不是空穴来风。毛泽东早在《论持久战》中便做出"兵民是胜利之本"这一重要论断。① 中国共产党和全国各族人民在抗战时期，外有日本帝国主义的进攻，内有国民党对内的压迫，唯有进行政治上的动员，建立抗日民族统一战线，中国才有出路，民族才有希望。青年运动是中国革命的一部分，青年在中国革命历史上发挥着先锋队的作用，这种领头作用使青年们站在了革命队伍的前头。中国知识分子青年们和学生青年们组成了一支军队，一支重要的方面军。但这支军队并非中国革命的主力，工农群众才是中国革命的主力军。若没有工农群众这个主力军，单靠青年们的力量和青年运动难以担起中国革命的大梁。

但青年由于自身资历尚浅，面对外界干扰难免会走向歧途。从过去的几十年看学生运动，从五四运动之后的二十年来看学生运动，学生运动潮流中产生了不愿与工农群众结合的一股逆流。这股逆流不愿与工农

---

① 毛泽东：《毛泽东选集》第2卷，人民出版社，1991，第509页。

大众结合，也正因如此，在过去的学生运动中并没有产生好的结果，反而多了不必要的牺牲。同时，在学生运动中也存在着非马克思主义信仰者，他们以"三民主义者"和"马克思主义者"自居，但却做着违背信仰的事情：对外勾结帝国主义，对内压迫百姓群众。因此，"希望全国的青年切记不要堕入那股黑暗的逆流之中，要认清工农是自己的朋友，向光明的前途进军"①，要以青年是不是与工农群众结合作为判断革命的或不革命的知识分子的唯一标准。抗日战争是一场持久战，中国革命是一个长期的过程，在主战线中青年运动唯有把握时代大方向，坚定信仰马克思主义，自觉自愿与工农群众相结合，才能发挥其自身应发挥的作用，取得革命胜利的果实。

三、新时代下青年运动的方向

在《青年运动的方向》中，毛泽东全面地总结了自五四运动以来的青年运动的历史经验和教训，并对青年运动未来的方向、任务和做法进行了总结。青年作为一支重要的方面军，单靠自己的力量是不行的，必须要与工农群众团结。面对抗日战争，青年们不仅需要与工农群众结合，还需要积极进行革命理论学习，救国救民，参加生产运动，支援前线。距离1919年的五四运动已经过了100周年出头，距离抗日战争胜利已经有75周年，在此时期青年运动遗留下来的精神文化遗产值得我们青年一代学习和弘扬。新时代的青年与当时的青年运动中的青年所处的时代和社会背景不同，面临的挑战也不尽相同，但其中的合理内核仍然具有适用性。

（一）新的前进方向

新时代的中国与五四运动时期的中国大不相同，青年运动的方向大不相同。如果说五四运动时期的青年运动方向是青年与工农群众团结一

---

① 毛泽东：《毛泽东选集》第2卷，人民出版社，1991，第567页。

致向前看并实现中国国家独立和民族解放，那么新时代的青年运动方向便是在承前启后、继往开来的新时代进行个人价值与社会价值的统一并最终实现中华民族的伟大复兴。

（二）新的时代任务

五四运动时期青年运动的方向是变旧中国为新中国。放眼星空，驻足脚下，新时代的青年在新时代不仅担负着实现中华民族伟大复兴的中国梦的长期使命，更承担着属于新时代的时代任务。必须坚持中国共产党的领导，团结各族人民，以共同实现两个一百年奋斗目标，最终实现中华民族伟大复兴的中国梦。

（三）相同的历史任务

五四运动时期的青年与新时代的青年拥有相同的历史任务——实现中华民族的伟大复兴。当今中国面临着百年未有之大变局，面临着复杂多变的局势，青年运动的方向也应该与时俱进，但青年运动的革命理想和初心从未改变，坚定的马克思主义信仰，坚实的革命理想和革命信念，持续不懈的奋斗，练就自身过硬的本领，积极投身为人民服务和国家民族解放复兴的大任从未改变。

四、结语

习近平总书记在纪念五四运动 100 周年大会上的讲话中说："青年是整个社会力量中最积极、最有生气的力量，国家的希望在青年，民族的未来在青年。"[1] 青年的幸福成长决定着国家未来的走向，青年的思想走向更直接影响未来事业的发展、国家的富强和民族的复兴。青年运动一脉相承，不断发展，应认识好、把握好、运用好青年思想和青年运动，不断促进国家富强和民族振兴！

---

[1] 习近平：《在纪念五四运动 100 周年大会上的讲话》，载《人民日报》，2019 年 5 月 1 日，http://cpc.people.com.cn/n1/2019/0501/c64094-31061050.html。

参考文献：

［1］毛泽东. 毛泽东选集：第 2 卷 ［M］. 北京：人民出版社，1991.

［2］周策纵. 五四运动史 ［M］. 陈永明，等译. 长沙：岳麓书社，1999.

［3］习近平. 习近平在中共中央政治局第十四次集体学习时强调加强对五四运动和五四精神的研究 激励广大青年为民族复兴不懈奋斗［N］. 人民日报，2019（04）.

［4］习近平. 青年要自觉践行社会主义核心价值观 ［N］. 人民日报，2014（05）.

［5］习近平. 在纪念五四运动 100 周年大会上的讲话 ［N］. 人民日报，2019（05）.

（本文获北京体育大学马克思主义学院 2020 年度"拥抱经典每日打卡读书活动"优秀论文优秀奖）